财务会计类新形态一体化系列教材

基础会计

（第2版）

主　编　林少宇　韩　璐
副主编　曹　蕊　李　苒　李雪英
　　　　魏　婧　刘伟丽　葛　欣
主　审　郑学平

北京理工大学出版社
BEIJING INSTITUTE OF TECHNOLOGY PRESS

内 容 简 介

本书全面贯彻党的教育方针，落实立德树人根本任务，按照中等职业学校人才培养目标和专业教学标准，突出了职业性、实践性和开放性。全书共分8个专题，分别为原始凭证的填制与审核、会计的核算方法、记账凭证的填制与审核、账簿的建立与登记、对账和结账、财务报表的编制、会计档案的归档与管理、会计核算综合实务操作。

本书以实际会计工作过程为主线，以模块化的学习情境构筑教学体系，充分考虑了会计行业入门者上岗时所必备的基础操作技能和方法，突出对学生会计职业能力和职业素质的培养。本书主要作为中等职业学校财经类专业的基础课程教材，也可作为会计类专业的入门课程教材、初级会计职称考试的参考用书和会计岗位的培训用书。

版权专有　侵权必究

图书在版编目（CIP）数据

基础会计 / 林少宇，韩璐主编. -- 2版. -- 北京：北京理工大学出版社，2024.3
　　ISBN 978-7-5763-3771-6

Ⅰ.①基…　Ⅱ.①林…②韩…　Ⅲ.①会计学-中等专业学校-教材　Ⅳ.①F230

中国国家版本馆CIP数据核字（2024）第069342号

责任编辑：申玉琴		**文案编辑**：申玉琴	
责任校对：刘亚男		**责任印制**：施胜娟	

出版发行 / 北京理工大学出版社有限责任公司
社　　址 / 北京市丰台区四合庄路6号
邮　　编 / 100070
电　　话 /（010）68914026（教材售后服务热线）
　　　　　　（010）68944437（课件资源服务热线）
网　　址 / http://www.bitpress.com.cn

版 印 次 / 2024年3月第2版第1次印刷
印　　刷 / 定州市新华印刷有限公司
开　　本 / 889 mm×1194 mm　1/16
印　　张 / 13
字　　数 / 280千字
定　　价 / 49.00元

图书出现印装质量问题，请拨打售后服务热线，负责调换

PREFACE 前言

党的二十大报告指出："教育是国之大计、党之大计。培养什么人、怎样培养人、为谁培养人是教育的根本问题。""全面贯彻党的教育方针，落实立德树人根本任务，培养德智体美劳全面发展的社会主义建设者和接班人。"职业教育是国民教育体系和人力资源开发的重要组成部分，是培养多样化人才、传承技术技能、促进就业创业的重要途径，是培养高素质人才的基础工程。

"基础会计"是财经类专业必修的专业基础课，同时又是一门操作性很强的课程。目前中等职业学校使用的教材与职业教育形势以及学生特点不匹配，内容过多、过难，理论性太强，与职业教育的培养目标脱节，从而挫伤了学生的学习积极性。因此亟待建设出一套内容简捷、版式新颖、结构合理、语言优美、图文并茂、学生喜欢的教材。

本书是按照中等职业学校专业教材标准的要求，结合最新初级会计职称考试大纲，根据中等职业学校人才培养目标、教学模式和教学内容，吸纳行业和企业专家参与，站在中高职衔接的角度，从提高会计基本技能以及培养会计的职业素养的角度入手编写的。在编写过程中，编写团队进行了大量的企业调研，深入企业顶岗实习，收集经济业务的第一手资料，从而开发出了具有鲜明职业特色的教材。本书突出了以下特点：

1. 全面贯彻党的教育方针，落实立德树人的根本任务，培养德智体美劳全面发展的社会主义建设者和接班人。本书中将每一个专题要达到的学习目标都与党的二十大报告提出的教育方针相结合并进行了剖析。

2. 与行业企业会计实践专家合作进行教材开发。在本书编写过程中，通过大量的企业调研，加强校企联合，安排专业教师深入河北信永达会计师事务所、河北第四建筑公司、石家庄推诚财务咨询有限公司、北京伴学科技有限公司、河北医科大学第三医院等企业进行顶岗实习，了解就业市场对该课程的需求状况和知识更新情况。河北医科大学第三医院财务处会计师葛欣参加了本书的编写，这本教材正是校企合作的结晶。

3. 本书的开发采用了基于工作过程系统化的课程设计与开发方法，用工作情境来描述实际工作岗位，以盛华公司的经济业务为情境操作案例，以智科公司的经济业务进行情境训练，帮助学生巩固所学会计专业知识，提高业务技能水平。

4. 序化和重构教材内容。本书打破了以会计要素为主线的传统《基础会计》编写体例，以实际会计工作情境为主线，按照"原始凭证的填制与审核—记账凭证的填制与审核—账簿的建立与登记—对账和结账—财务报表的编制—会计档案的归档与管理"的基本工作步骤进行编写。

5. 本书的编写体例为"情境驱动"模式，每个学习情境在"情境导入"的基础上，设有"知识学习""情境引例""情境训练""温馨提示""知识拓展""动脑筋""学习评价"等固定模块，充分体现理实一体、讲练结合的教学目标，真正实现了"做、教、学"一体化。

6. 本书在每个专题结尾处开设了"素质课堂"模块，内容为会计相关法律法规、会计人员职业道德、党的二十大报告解析等，让学生在学习专业知识的同时掌握国家的教育方针以及会计人员应当遵循的职业规范。

本书由林少宇任第一主编，韩璐为第二主编，曹蕊、李苒、李雪英、魏婧、刘伟丽、葛欣为副主编。具体分工如下：专题一"原始凭证的填制与审核"由李苒编写；专题二"会计的核算方法"由魏婧编写；专题三"记账凭证的填制与审核"、专题四"账簿的建立与登记"由韩璐编写；专题五"对账和结账"由李雪英编写；专题六"财务报表的编制"、专题七"会计档案的归档与管理"由林少宇编写；专题八"会计核算综合实务操作"由曹蕊编写。经济业务由刘伟丽、葛欣进行审核。最后由林少宇统稿成书，郑学平主审。

由于编者水平有限，书中难免有不足之处，敬请读者批评指正。

编　者

CONTENTS 目录

专题一　原始凭证的填制与审核 ………………………………………………… 1
　学习情境一　原始凭证的取得 …………………………………………………… 2
　学习情境二　原始凭证的填制 …………………………………………………… 7
　学习情境三　原始凭证的审核 …………………………………………………… 17

专题二　会计的核算方法 ………………………………………………………… 20
　学习情境一　会计的认知 ………………………………………………………… 21
　学习情境二　会计核算的认知 …………………………………………………… 26
　学习情境三　会计要素与会计等式 ……………………………………………… 31
　学习情境四　会计科目和账户的设置 …………………………………………… 40
　学习情境五　复式记账法 ………………………………………………………… 44

专题三　记账凭证的填制与审核 ………………………………………………… 56
　学习情境一　记账凭证的填制 …………………………………………………… 57
　学习情境二　记账凭证的审核 …………………………………………………… 65

学习情境三　会计凭证的传递与保管 …………………………………………… 66
　　学习情境四　主要经济业务的核算 ………………………………………………… 67

专题四　账簿的建立与登记 …………………………………………………………… 97
　　学习情境一　账簿的建立 …………………………………………………………… 98
　　学习情境二　账簿的登记 …………………………………………………………… 105

专题五　对账和结账 …………………………………………………………………… 118
　　学习情境一　对账 …………………………………………………………………… 119
　　学习情境二　结账 …………………………………………………………………… 134

专题六　财务报表的编制 ……………………………………………………………… 139
　　学习情境一　财务报表的认知 ……………………………………………………… 140
　　学习情境二　资产负债表的编制 …………………………………………………… 143
　　学习情境三　利润表的编制 ………………………………………………………… 150

专题七　会计档案的归档与管理 ……………………………………………………… 156
　　学习情境一　会计档案的归档 ……………………………………………………… 157
　　学习情境二　会计档案的管理 ……………………………………………………… 161

专题八　会计核算综合实务操作 ……………………………………………………… 165
　　学习情境一　记账凭证账务处理程序 ……………………………………………… 166
　　学习情境二　科目汇总表账务处理程序 …………………………………………… 195

参考文献 ………………………………………………………………………………… 201

专题一

原始凭证的填制与审核

填制与审核原始凭证是会计工作的初始阶段和基本环节，是会计核算的专门方法之一。对原始凭证分析结果的好坏直接影响到后续核算程序账务处理的正确与否，所以本专题是会计知识里的重点内容。

学习目标

知识目标：

1. 理解原始凭证的相关概念和基本分类；
2. 掌握常用原始凭证的填制方法及要求；
3. 掌握原始凭证的审核要点和审核结果的处理方法。

能力目标：

1. 能够识别常用的原始凭证并且会正确规范填制原始凭证；
2. 能够审核原始凭证是否符合要求。

情感目标：

1. 通过实践来激发学生的学习兴趣和工作热情；
2. 培养学生会计的思维方式、认真的学习态度、严谨细致的工作作风；
3. 坚持立德树人的根本任务，引导学生树立正确的世界观、人生观、价值观，教会学生有能力、有责任、有爱心，全面发展。

学习情境一　原始凭证的取得

情境导入

会计工作是一个流程性很强的工作,而会计工作就是从取得或填制原始凭证开始的。原始凭证是经济业务发生的最初证明,原始凭证上记载的信息是整个企业会计信息系统运行的起点。同学们,你知道企业常见的原始凭证有哪些吗?这些原始凭证是如何取得的呢?下面,让我们一起来学习吧!

知识学习

一、原始凭证的认知

(一)认识会计凭证

会计凭证是记录经济业务事项发生或完成情况的书面证明,是登记账簿的依据,包括纸质会计凭证和电子会计凭证两种形式。填制和审核会计凭证是会计核算的初始环节。企事业单位在处理每一项经济业务时,都必须遵守既定的程序和要求,由经办人员填制和取得会计凭证,列明经济业务的内容、数量和金额,并在凭证上签名或盖章。为保证会计记录的真实性,任何会计凭证都要经过有关人员的审核,只有经过审核无误的会计凭证,才能作为登记账簿的依据。

(二)会计凭证的种类

会计凭证按照填制程序和用途分类,可分为原始凭证和记账凭证。

原始凭证(见图1-1-1),又称单据,是指在经济业务发生或完成时取得或填制的、用以记录或证明经济业务的发生或完成情况的原始凭据,如发票、进账单、收据、入库单、出库单、领料单、差旅费报销单、支票等。

原始凭证的作用主要是记载经济业务的发生过程和具体内容。原始凭证记载的信息是整个企业会计信息运行的起点,原始凭证的质量将影响会计信息的质量。

收　款　收　据　　　　No.4061915

年　　月　　日

今收到＿＿＿＿＿＿＿＿＿＿＿＿＿＿＿＿＿＿＿＿

交来＿＿＿＿＿＿＿＿＿＿＿＿＿＿＿＿＿＿＿＿＿

金额（大写）＿＿拾　万　仟　佰　拾　元　角　分

¥＿＿＿＿＿＿＿＿　　　　收款单位（公章）

核准　　会计　　记账　　出纳　　经办人

第一联　存根

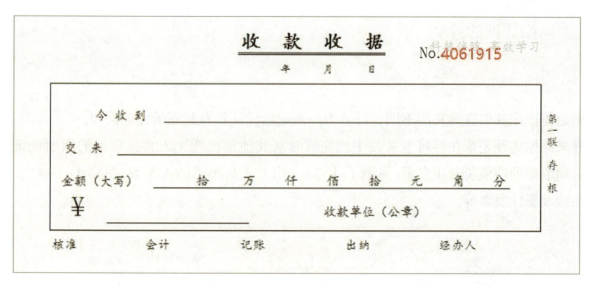

图 1-1-1　原始凭证

> **温馨提示：** 不是所有的单据都是原始凭证，例如请购单、经济合同、派工单、银行存款余额调节表等，它们只能作为原始凭证的附件。

记账凭证(见图 1-1-2)，又称记账凭单，是指会计人员根据审核无误的原始凭证，按照经济业务的内容加以归类，并据以确定会计分录后所填制的会计凭证，作为登记账簿的直接依据。

记　账　凭　证

年　　月　　日　　　　　　记字第　　　号

摘要	总账科目	明细科目	记账	借方金额										记账	贷方金额									
			√	千	百	十	万	千	百	十	元	角	分	√	千	百	十	万	千	百	十	元	角	分
合　计																								

附单据　　张

财务主管　　记账　　出纳　　审核　　制单

图 1-1-2　记账凭证

二、原始凭证的种类

(一)按取得的来源不同分类

原始凭证按其取得的来源不同,可分为外来原始凭证和自制原始凭证两种。

外来原始凭证是指在经济业务发生或完成时从其他单位或个人直接取得的原始凭证,如购买货物取得的增值税专用发票(见图1-1-3)、出差人员报销的火车票(见图1-1-4)、飞机票、住宿及餐饮发票等。

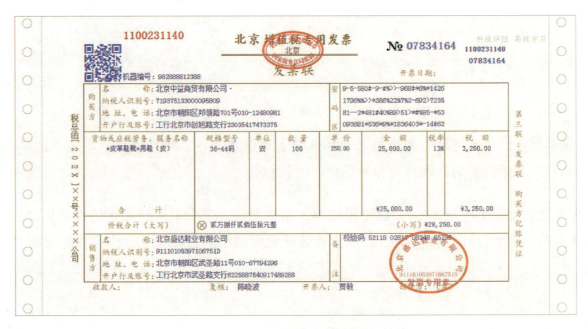

图1-1-3 增值税专用发票

图1-1-4 火车票

自制原始凭证是指由本单位有关部门和人员,在经办或完成某项经济业务时填制的原始凭证,如入库单(见图1-1-5)、出库单(见图1-1-6)、借款单等。

入　库　单

年　　月　　日　　　　单号 949933

交来单位或部门		发票号码或生产单号码		验收仓库		入库日期	

编号	名称及规格	单位	数量		实际价格		计划价格		价格差异
			交库	实收	单价	金额	单价	金额	
合计									

部门经理：　　会计：　　仓库：　　经办人：

图 1-1-5　入库单

出 库 单

出货单位：　　日期：　　单号：

提货单位（部门）：　　销售单号：　　发货仓库：　　出库日期：

编码	名称	规格	单位	数量		单价	金额
				应发	实发		
合计	人民币（大写）：						

会计联

部门经理：　　会计：　　仓库：　　经办人：

图 1-1-6　出库单

(二)按填制手续和内容不同分类

原始凭证按其填制手续和内容不同，可分为一次凭证、累计凭证和汇总凭证三种。

一次凭证是指一次填制完成，只记录一笔经济业务且仅一次有效的原始凭证，如发票、入库单、借款单、收据、银行结算单证等。

累计凭证是指在一定时期内多次记录发生的同类型经济业务且多次有效的原始凭证，常见的累计凭证是限额领料单(见图 1-1-7)。累计凭证的特点是在一张凭证内可以连续登记相同性质的经济业务，随时结出累计数和限额结余数，并按照费用限额进行控制，期末按实际发生额记账。

北京惠龙家具商贸有限责任公司
限额领料单

领料部门：一车间
用途：生产衣柜　　　　　2023 年 11 月　　　　　编号：39680638

材料类别	材料名称	规格	计量单位	单价	领用限额	全月实领	
						数量	金额
原材料	木板		件	50.00	100	99	4,950.00

日期	请领		实发		限额结余
	数量	领料单位负责人签章	领料人签章	数量	发料人签章	

日期	数量	领料单位负责人签章	领料人签章	数量	发料人签章	限额结余
2023-11-02	20	张三	李四	20	王五	80
2023-11-06	30	张三	李四	30	王五	50
2023-11-22	25	张三	李四	25	王五	25
2023-11-28	10	张三	李四	10	王五	15
2023-11-30	15	张三	李四	14	王五	1
合计	100			99		

生产计划部门负责人：　　　　　供应部门负责人：　　　　　仓库管理员：

图 1-1-7　限额领料单

汇总凭证是指对一定时期内反映同类经济业务的若干张原始凭证，按照一定标准综合填制的原始凭证，如发出材料汇总表（见图1-1-8）、工资结算汇总表。汇总原始凭证合并了同类经济业务，简化了凭证编制和记账工作。

发出材料汇总表

　　　　年　　月　　日　　　　　　　　单位：元

领料部门及用途	实木材料			胶水			其他材料	合计
	数量	单价	金额	数量	单价	金额		
一车间								
二车间								
三车间								
合计								

会计主管：　　　　　记账：　　　　　保管：　　　　　制表：

图 1-1-8　发出材料汇总表

(三)按格式的不同分类

原始凭证按其格式的不同，可以分为通用凭证和专用凭证两种。

通用凭证是指由有关部门统一印制、在一定范围内使用的具有统一格式和使用方法的原始凭证。通用凭证的适用范围因制作部门的不同而有所差异，可以是分地区、分行业使用，也可以全国通用，如某省(市)印制的在该省(市)通用的发票、收据，由中国人民银行制作的在全国通用的银行转账结算凭证，由国家税务总局统一印制的全国通用的增值税专用发票等。

专用凭证是指由各单位自行印制的原始凭证，如入库单、出库单、工资费用分配单、折旧计算表等。

> **动脑筋**：请同学们分析一下，增值税专用发票、入库单和限额领料单按照三种分类标准分别属于哪种原始凭证？

学习情境二　原始凭证的填制

情境导入

在会计实际工作中，会计人员必须按照会计数码字书写规范、原始凭证的基本要素以及常见原始凭证的填制要求，根据所发生的经济业务准确无误地填制各种原始凭证。同学们，你知道应该如何规范地填制原始凭证吗？下面，让我们一起来学习吧！

知识学习

一、原始凭证的基本内容

原始凭证的基本内容(见图1-2-1)包括原始凭证的名称、填制凭证的日期和编号、填制凭证单位的名称或填制人姓名、接受凭证单位名称、经济业务基本内容(包括经济业务的内容摘要、实物数量、单价、金额等)以及经办人员的签名或盖章。

图 1-2-1　原始凭证的基本内容

二、原始凭证的填制要求（见表 1-2-1）

表 1-2-1　原始凭证的填制要求

记录真实	原始凭证所填列经济业务的内容和数字，必须真实可靠，符合实际情况
内容完整	原始凭证所要求填列的项目必须逐项填列齐全，不得遗漏或省略。原始凭证中的年、月、日要按照填制原始凭证的实际日期填写；名称要齐全，不能简化；品名或用途要填写明确，不能含糊不清；有关人员的签章必须齐全
手续完备	单位自制的原始凭证必须有经办单位相关负责人的签名盖章；对外开出的原始凭证必须加盖本单位公章或者财务专用章；从外部取得的原始凭证，必须盖有填制单位的公章或者财务专用章；对外开出或从外取得的电子形式的原始凭证必须附有符合《电子签名法》的电子签名；从个人取得的原始凭证，必须有填制人员的签名或盖章
填制及时	各种原始凭证一定要及时填写，并按规定的程序及时送交会计机构审核
书写清楚、规范	原始凭证要按规定填写，文字要简明，字迹要清楚且易于辨认，不得使用未经国务院公布的简化汉字。大小写金额必须符合填写规范，小写金额用阿拉伯数字逐个书写，不得写连笔字。在金额前要填写人民币符号"￥"（使用外币时填写相应符号），且与阿拉伯数字之间不得留有空白。金额数字一律填写到角、分，无角无分的，写"00"或符号"—"；有角无分的，分位写"0"，不得用符号"—"。大写金额用汉字壹、贰、叁、肆、伍、陆、柒、捌、玖、拾、佰、仟、万、亿、元、角、分、零、整等，一律用正楷或行书体书写。大写金额前未印有"人民币"字样的，应加写"人民币"三个字且和大写金额之间不得留有空白。大写金额到元或角为止的，后面要写"整"或"正"字；有分的，不写"整"或"正"字

续表

编号连续	各种凭证要连续编号，以便检查。如果凭证已预先印定编号，如发票、支票等重要凭证，在因错作废时，应加盖"作废"戳记，妥善保管，不得撕毁
不得涂改、刮擦、挖补	原始凭证金额有错误的，应当由出具单位重开，不得在原始凭证上更正。原始凭证有其他错误的，应当由出具单位重开或更正，更正处应当加盖出具单位印章

三、会计数字的书写

（一）阿拉伯数字的书写要求

（1）每个数字书写应大小匀称，笔画流畅；每个数码独立有形，使人一目了然，不能连笔书写（见图1-2-2）。

图1-2-2　阿拉伯数字的书写要求

（2）书写排列有序，字体要自右上方向左下方倾斜地写，数字与底线通常成60度的倾斜。

（3）书写的每个数字要贴紧底线，但上不可顶格。一般每个格内数字约占1/2或2/3的位置，要为更正数字留有空间。

（4）会计数码书写时，应从左至右，笔画顺序是自上而下，先左后右，防止倒插笔。

（5）同行的相邻数字之间要空出半个阿拉伯数字的位置，但也不可预留间隔，间隔以不能增加数字为好。

（6）除"4""5"以外数字，必须一笔写成，不能人为地增加数字的笔画。

（7）"6"字要比一般数字向右上方长出约1/4，"7"和"9"字要向左下方（过底线）长出约1/4。

（8）阿拉伯数字金额前应加人民币符号"￥"，阿拉伯数字金额应紧接人民币符号"￥"填写，不得留有空白。

（二）中文大写数字的书写要求

1. 中文大写数字

中文大写数字书写一律用正楷或者行书体。

中文大写：壹、贰、叁、肆、伍、陆、柒、捌、玖、拾、佰、仟、万、亿、元、角、分、零、整。

2. 如何将阿拉伯数字金额转换为大写汉字金额

(1) 中文大写金额数字前应标明"人民币"字样，大写金额数字应紧接"人民币"字样填写，不得留有空白。大写金额数字前未印"人民币"字样的，应加填"人民币"三字。

(2) 中文大写金额数字到"元"为止的，在"元"之后，应写"整"字。在"角"之后，可以写"整"，也可以不写"整"字。大写金额数字有"分"的，"分"后面不写"整"字。如￥10.00应写成人民币壹拾元整；￥101.10应写成人民币壹佰零壹元壹角整或人民币壹佰零壹元壹角；￥512.34应写成人民币伍佰壹拾贰元叁角肆分。

(3) 阿拉伯数字小写金额数字中有"0"时，中文大写应按照汉语语言规律、金额数字构成和防止涂改的要求进行书写。具体要求如下：

阿拉伯数字中间有"0"时，中文大写要写"零"字，如￥2 409.50，应写成人民币贰仟肆佰零玖元伍角。

阿拉伯数字中间连续有几个"0"时，中文大写金额中间可以只写一个"零"字，如￥6 007.14，应写成人民币陆仟零柒元壹角肆分。

阿拉伯金额数字万位和元位是"0"，或者数字中间连续有几个"0"，万位、元位也是"0"，但千位、角位不是"0"时，中文大写金额中可以只写一个"零"字，也可以不写"零"字。如￥2 460.15，应写成人民币贰仟肆佰陆拾元零壹角伍分，或者写成人民币贰仟肆佰陆拾元壹角伍分；￥107 000.53，应写成人民币壹拾万柒仟元零伍角叁分，或者写成人民币壹拾万零柒仟元伍角叁分。

阿拉伯金额数字角位是"0"而分位不是"0"时，中文大写金额"元"后面应写"零"字。如￥16 409.02，应写成人民币壹万陆仟肆佰零玖元零贰分；￥735.06，应写成人民币柒佰叁拾伍元零陆分。

3. 日期大写的规范要求

票据的出票日期必须使用中文大写。为防止变造票据的出票日期，在填写月、日时，月为壹、贰和壹拾的，日为壹至玖和壹拾、贰拾和叁拾的，应在其前加"零"；日为拾壹至拾玖的，应在其前加"壹"，如2月14日，应写成零贰月壹拾肆日；10月20日，应写成零壹拾月零贰拾日。

出票日期的填写规范

情境训练

请同学们将下列小写金额与大写金额进行转换，小写日期与大写日期进行转换。

小写金额转换成大写金额：①￥104 005.00；②￥1 005.05；③￥200.06；④￥413.23。

大写金额转换成小写金额：①人民币壹仟元整；②人民币贰佰叁拾肆元零捌分；③人民币壹角整。

小写日期转换成大写日期：①2023年1月12日；②2024年10月20日；③2023年3月10日。

大写日期转换成小写日期：①贰零贰叁年零捌月壹拾伍日；②贰零壹捌年零壹拾月零柒日。

四、常用原始凭证的填制

(一)支票的填写

支票(见图1-2-3～图1-2-6)是指出票人签发的委托银行等金融机构于见票时支付一定金额给收款人或持票人的一种票据。支票可以分为现金支票、转账支票和普通支票三种。支票上印有"现金"字样的为现金支票，现金支票只能用于支取现金；支票上印有"转账"字样的为转账支票，转账支票只能用于转账；支票上未印有"转账"和"现金"字样的为普通支票，普通支票可以用于支取现金，也可以用于转账。在普通支票左上角划两条平行线的为划线支票，划线支票只能用于转账，不得用于支取现金。

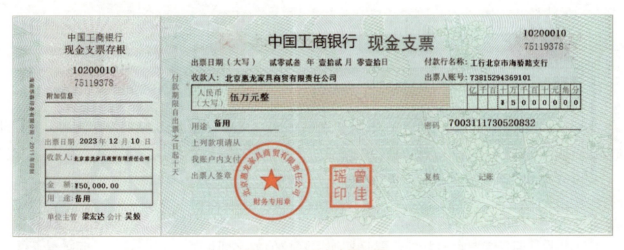

图1-2-3　现金支票正面

图1-2-4　现金支票背面

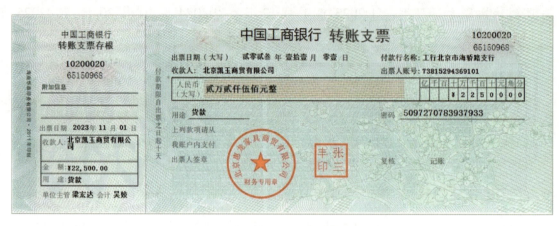

图 1-2-5 转账支票正面

图 1-2-6 转账支票背面

支票有两个联次，分别为支票存根联和支票正联，支票存根联为企业备查使用，支票正联是银行收款的依据，也是收款人收款的凭证。

现金支票和转账支票的填写步骤如下。

1. 填写支票存根联

（1）出票日期：支票存根联的出票日期使用阿拉伯数字即可。

（2）收款人：收款人为单位的，应填写单位全称；现金支票的收款人若为个人的，填写个人姓名。

现金支票的填写

（3）金额：使用阿拉伯数字金额，金额前应加"￥"符号，金额一律填写到角分；无角分的应用"00"补足，例如"￥1 260.00"。

（4）用途：现金支票的用途一般填写"备用金"等，转账支票的用途没有具体规定，可填写货款、代理费等。

（5）单位主管和会计签章。

2. 填写支票正联

（1）出票日期：支票正联的日期必须使用大写。

（2）收款人：收款人为单位的，应填写单位全称；现金支票的收款人若为个人的，填写个人姓名。

(3) 付款行名称。

(4) 出票人账号。

(5) 金额：大写金额和小写金额都要填写，并应一致。大写金额前加"人民币"字样，小写金额前加"￥"。

(6) 用途：同支票存根联。

(7) 盖章：支票正面一般需要盖三个章，在支票正联出票人签章位置加盖出票单位的财务专用章和法人章，在支票正联和存根联骑缝的位置加盖单位财务专用章。

3. 支票背面的使用

支票背面为收款人签章。若为现金支票，支票的出票人即为收款人，应在收款人签章处加盖单位法人章和财务专用章；若收款人为个人，则应填写收款人的身份证件名称、发证机关和号码三栏。若为转账支票，则在背书人栏签章。

(二) 发票的填写

1. 增值税专用发票的填写

增值税专用发票纸质发票(见图1-2-7)一般有三联：第一联是销货方的记账凭证，此联最终由销货单位作为销售产品的原始凭证入账。第二联是抵扣联，是购货单位的扣税凭证，此联最终由购货单位交给税务局进行进项税额抵扣。第三联是发票联，是购货单位的记账凭证，此联最终由购货单位作为购买物品的原始凭证入账。

增值税专用发票的填写

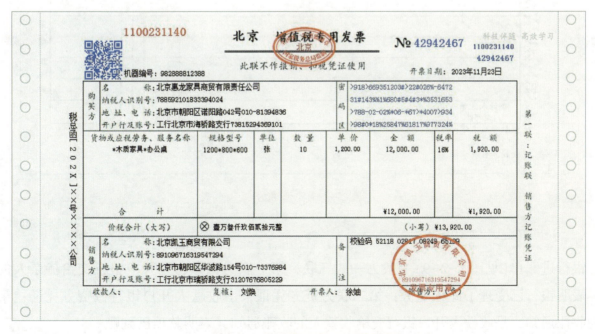

图1-2-7　增值税专用纸质发票

增值税专用发票纸质发票的填写方法如下：

(1) 填写开票日期。

(2) 填写购货单位有关信息：购货单位名称、纳税人识别号、地址、电话、开户行及账号。

(3) 填写货物或应税劳务、服务名称、规格型号、单位、数量、单价、金额、税率、税额等。

(4) 填写价税合计大写金额和小写金额。

(5) 填写销货单位有关信息：销货单位名称、纳税人识别号、地址、电话、开户行及账号。

(6) 相关人员签章。

2. 普通发票的填写

普通发票(见图 1-2-8)的填写方法如下：

(1) 填写付款单位名称。

(2) 填写发票日期。

(3) 填写发票所涉及的货物或应税劳务的名称和金额，注意小写合计金额和大写合计金额应一致。

(4) 填写收款单位名称及税号。

(5) 开票人签章。

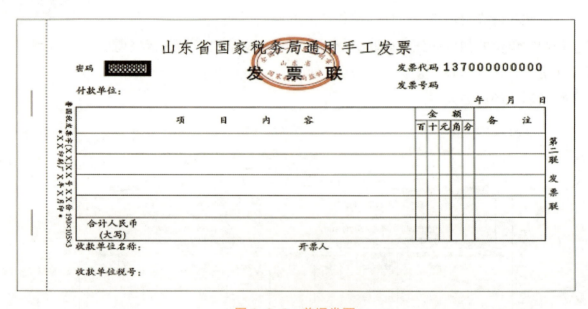

图 1-2-8 普通发票

(三) 银行进账单的填写

银行进账单(见图 1-2-9)一般为一式三联，第一联为回单，是开户银行交给持票人的回单，表明银行已受理了此项业务；第二联为贷方凭证，由收款人开户银行做贷方凭证；第三联为收账通知，是收款人开户银行交给收款人的收账通知，表明款项已到账。

专题一 原始凭证的填制与审核

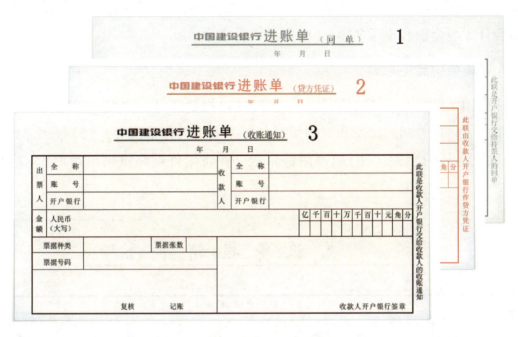

图1-2-9 进账单

银行进账单的填写方法如下：

(1)填写出票人信息：出票人单位全称、账号和开户银行名称。

(2)填写收款人信息：收款人单位全称、账号和开户银行名称。

(3)填写金额，注意大小写金额应一致。

(4)填写交存款项所使用的票据种类、张数和号码。

(5)收款人开户银行盖章。

(四)收据的填写

收据(见图1-2-10)一般一式三联，第一联为存根联，由出纳备查使用；第二联为客户联，交给付款的客户；第三联为记账联，由财务记账使用。

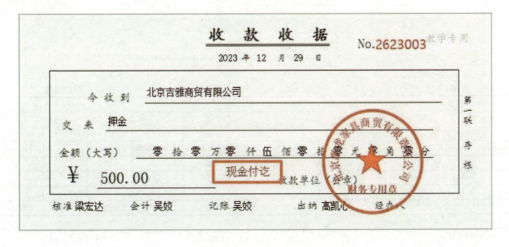

图1-2-10 收据

收据填写以下内容：(1)客户名称，即收款对象名称；(2)日期；(3)收据所涉及的金额来源；(4)合计大写金额和小写金额；(5)相关人员签章。

(五)差旅费报销单的填写

差旅费报销单(见图1-2-11)填写以下内容：(1)报销部门；(2)报销日期；(3)出差人姓名及出差事由；(4)出差期间出发和到达情况，出差支出具体情况等；(5)报销总额、预借金额和需要补领或退还的金额；(6)填写附件张数，并将附件贴在报销单后面；(7)相关人员签章。

差旅费报销单

部门 行政部　　2023 年 12 月 15 日

出差人								出差事由							
出发				到达				交通工具	交通费		出差补贴		其他费用		
月	日	时	地点	月	日	时	地点		单据张数	金额	天数	金额	项目	单据张数	金额
12	01		北京	12	01		石家庄	火车	1	155.00	5	80.00	住宿费	1	2,000.00
12	05		石家庄	12	05		北京	火车	1	155.00			市内车费	5	300.00
													邮电费		
													办公用品费		
													不买卧铺补贴		
													其他		
合计									2	¥310.00		¥80.00		6	¥2,300.00
报销总额	人民币(大写) 贰仟陆佰玖拾元整							预借金额	¥3,000.00				补领金额		
													退还金额	¥310.00	

附件 8 张

主管　　审核 梁宏达　　出纳 高凯心　　领款人

图1-2-11　差旅费报销单

(六)收料单的填写

收料单(见图1-2-12)一般一式三联，第一联为存根联，为仓库备查使用；第二联为收据联，交供货单位留底；第三联为记账联，交财务记账。

收料单

供应单位：北京中益商贸有限公司　　收料单编号：001

材料类别：包装箱　　2023 年 12 月 02 日　　收料仓库：周转材料库

材料编号	名称	规格	单位	数量		实际成本				
				应收	实收	买价		运杂费	其他	合计
						单价	金额			
01	包装箱		个	50	50	7.20	360.00	25.00		¥385.00
合计				50	50		360.00	25.00		¥385.00
备注										

第三联 记账联

仓库主管：周石　　记账：陈帅　　收料：吴娟　　制单：陈帅

图1-2-12　收料单

收料单填写以下内容：(1)供料单位名称；(2)收料日期；(3)所收材料的编号、名称、规格、单位、数量、单价和金额等；(4)合计数量和金额；(5)相关人员签章。

(七)领料单的填写

领料单(见图1-2-13)一般一式三联，第一联为存根联，为仓库管理员备查使用；第二联为保管联，为库管登记材料明细账使用；第三联为记账联，交财务记账。

图 1-2-13　领料单

领料单填写以下内容：(1)领料部门；(2)领料日期；(3)所领材料的编号、名称、规格、计量单位、数量、成本等；(4)领料用途；(5)相关人员签章。

学习情境三　原始凭证的审核

情境导入

会计人员在经济业务发生时，不仅应当知道要取得或填制哪些原始凭证，而且必须对取得的原始凭证的合理性、合法性、合规性、真实性进行审核，以保证会计信息的真实性和正确性。同学们，你知道该如何审核原始凭证吗？下面，让我们一起来学习吧！

知识学习

一、原始凭证的审核

原始凭证必须经过会计主管人员严格审核后,才能作为填制记账凭证和登记账簿的依据。原始凭证的审核要求如表 1-3-1 所示。

表 1-3-1 原始凭证的审核要求

真实性	审核原始凭证日期是否真实、业务内容是否真实、数据是否真实等。对外来原始凭证,必须有填制单位公章或财务专用章和填制人员签章,其中,电子形式的外来原始凭证,应当附有符合《电子签名法》的电子签名(章);对自制原始凭证,必须有经办部门和经办人员的签名或盖章。此外,对通用原始凭证,还应审核凭证本身的真实性,以防作假
合法性、合理性	审核原始凭证所记录经济业务是否符合国家法律法规,是否履行了规定的凭证传递和审核程序;审核原始凭证所记录经济业务是否符合企业经济活动的需要,是否符合有关的计划和预算等
完整性	审核原始凭证各项基本要素是否齐全、是否有漏项情况,日期是否完整,数字是否清晰,文字是否工整,有关人员签章是否齐全,凭证联次是否正确等
正确性	审核接受原始凭证单位的名称是否正确,金额的填写和计算是否正确。阿拉伯数字分位填写,不得连写;小写金额前要标明"￥",中间不能留有空位;大写金额前要加"人民币"字样,大写金额与小写金额要相符。审核更正是否正确,原始凭证记载的各项内容均不得涂改、刮擦和挖补

二、原始凭证审核结果的处理方法

原始凭证的审核是一项十分重要的工作,经审核的原始凭证应根据不同的情况处理,如表 1-3-2 所示。

表 1-3-2 不同情况下处理经审核的原始凭证的方法

对于审核无误的原始凭证	应及时据以填制记账凭证入账
对于真实合法、合理但内容不完整、填写有误的原始凭证	应退回给相关经办人员,由其将凭证进行补充完整、更正错误或重开后,再办理正式会计手续
对于不真实不合法的原始凭证	会计人员有权不予接受,并向单位负责人报告

动脑筋: A 公司会计小王收到一张客户交来的转账支票,经审查发现支票上大小写金额不一致,应如何处理?

学习评价

专题一	学习目标	自评	他评
原始凭证的填制与审核	1. 能识别常用的原始凭证并且会正确规范填制原始凭证(40分)		
	2. 能审核原始凭证是否符合要求(40分)		
	3. 在小组学习中表现出认真学习的态度和团队合作的精神(20分)		
	合计		

素质课堂

《中华人民共和国职业教育法》

《中华人民共和国职业教育法》是为了推动职业教育高质量发展，提高劳动者素质和技术技能水平，促进就业创业，建设教育强国、人力资源强国和技能型社会，推进社会主义现代化建设，根据宪法制定的法律。2023年4月20日，第十三届全国人民代表大会常务委员会第三十四次会议通过《中华人民共和国职业教育法》修订，自2023年5月1日起施行。

（节选）

第三条　职业教育是与普通教育具有同等重要地位的教育类型，是国民教育体系和人力资源开发的重要组成部分，是培养多样化人才、传承技术技能、促进就业创业的重要途径。

国家大力发展职业教育，推进职业教育改革，提高职业教育质量，增强职业教育适应性，建立健全适应社会主义市场经济和社会发展需要、符合技术技能人才成长规律的职业教育制度体系，为全面建设社会主义现代化国家提供有力人才和技能支撑。

第四条　职业教育必须坚持中国共产党的领导，坚持社会主义办学方向，贯彻国家的教育方针，坚持立德树人、德技并修，坚持产教融合、校企合作，坚持面向市场、促进就业，坚持面向实践、强化能力，坚持面向人人、因材施教。

实施职业教育应当弘扬社会主义核心价值观，对受教育者进行思想政治教育和职业道德教育，培育劳模精神、劳动精神、工匠精神，传授科学文化与专业知识，培养技术技能，进行职业指导，全面提高受教育者的素质。

专题二

会计的核算方法

在影视媒体中出现的账房先生们总是站在柜台里，边看账本边拨弄着算盘珠子……这是我们儿时对"会计"的印象。会计是怎么产生的？究竟什么是会计呢？我们将通过这个专题来深入了解会计产生的渊源、会计的核算方法以及具体内容。

学习目标

知识目标：
1. 了解会计的产生和发展、会计要素的概念、会计科目的概念、账户的概念；
2. 熟悉会计的职能和方法、会计要素的构成、会计科目的分类、复式记账法的基本原理；
3. 掌握会计的对象、会计基本等式、借贷记账法的概念和内容。

能力目标：
1. 能够根据会计平衡公式中各要素之间的关系，分析不同经济业务类型对会计要素的影响；
2. 能够根据账户设置原则，熟练地设置账户；
3. 能够熟练地编制简单的会计分录；
4. 能够借助试算平衡原理编制试算平衡表。

情感目标：
1. 培养学生学习会计专业的兴趣；
2. 培养德智体美劳全面发展的社会主义建设者和接班人。

专题二 会计的核算方法

学习情境一　会计的认知

情境导入

会计是随着人类社会生产的发展和经济管理的需要而产生、发展并不断得到完善的。其发展不论在国内还是国外，都有几千年的历史。同学们，你知道会计经历了怎样的发展历程吗？下面，让我们一起来学习吧！

知识学习

一、会计的产生和发展

(一)会计的产生

在人类进入文明社会时，会计就已经产生。一般认为，会计作为具有独立意义的会计特征，早在原始公社制时就表现出来了。最初的会计只是作为生产职能的附带部分，独立的会计职能并未产生。

随着社会生产力的不断发展，生产规模的扩大和生产社会化极大地促进了原始计量和记录方法的巨大变革，会计的核算内容逐渐拓展，核算方法也在不断完善，此时，会计逐渐从生产职能中分离出来，成为由专职人员进行的专职工作。

(二)会计的发展

会计的发展可划分为古代会计、近代会计和现代会计三个阶段。

1. 古代会计

这段时期是会计发展史上最漫长的一段时间。文明古国古埃及、古巴比伦、古希腊等都留下了对会计活动的记载。在我国的西周时代，会计的名称和职称正式见于文字记载，大约在西周前后，我国便初步形成了会计工作组织系统。

2. 近代会计

近代会计是伴随着工业革命而发展起来的。在中国，近代会计发展也伴随着这种变化而不断向前"曲折"发展。直至19世纪末，中国会计通过改良中式簿记法的推行者们"洋为中用"

的改进，形成了中式簿记与西式簿记并存的"近代会计"阶段。

3. 现代会计

20世纪以来，特别是第二次世界大战结束后，社会经济的发展和管理要求不断提高，丰富了会计的内容，提高了其地位和作用，比较完善的现代会计逐步形成。这个时期，我国经济实现了从计划经济体制到市场经济体制的转变，会计思想也有了根本性的转变——由"工具论"到"管理论"的转变。同时，在这个时期，我国构建了会计法制体系和准则体系。1985年我国颁布了新中国第一部会计法；随着国际经济一体化进程的加快，财政部于2000年12月29日发布了破除行业所有制界限的统一的《企业会计制度》，于2001年1月1日起，在股份公司中率先实施，2005年在所有大中型企业中实施，并于2004年颁布了《小企业会计制度》；2006年2月，财政部又发布了新的《企业会计准则》，并于2007年1月1日起实施。

二、会计的职能

会计职能是指会计在经济活动及其管理过程中所具有的功能。会计作为经济活动"过程的控制和观念总结"，具有会计核算和会计监督两项基本职能，此外还具有预测、决策、评价等拓展职能。

(一)核算职能

会计核算职能，又称为会计反映职能，是指会计以货币为主要计量单位，对特定主体的主要经济活动进行确认、计量和报告。会计核算贯穿于经济活动的全过程，是会计最基本的职能。

会计核算的内容主要包括款项和有价证券的收付；财物的收发、增减和使用；债权、债务的发生和结算；资本、基金的增减；收入、支出、费用、成本的计算；财务成果的计算和处理；需要办理会计手续、进行会计核算的其他事项。

(二)监督职能

会计监督职能，又称为会计控制职能，是指对特定主体经济活动和相关会计核算的真实性、合法性和合理性进行监督检查。会计监督可分为单位内部监督、国家监督和社会监督三部分，三者共同构成了"三位一体"的会计监督体系。

1. 单位内部监督

会计的单位内部监督职能是指会计机构、会计人员对其特定主体经济活动和相关会计核算的真实性、完整性、合法性和合理性进行审查，使之达到预期经济活动和会计核算目标的功能。

2. 国家监督

会计的国家监督是指财政、审计、税务、人民银行、证券监管、保险监管等部门依照有关法律、行政法规规定对各有关单位会计资料的真实性、完整性、合法性等实施的监督检查。

3. 社会监督

会计的社会监督是指以注册会计师为主体的社会中介机构等实施的监督活动。

总之，监督的核心就是要干预经济活动，使之遵守国家法令、法规，保证财经制度的贯彻执行，同时还要从本单位的经济效益出发，对每项经济活动的真实性、完整性、合法性、合理性进行审查，以防止损失浪费。

会计核算和会计监督两项职能是相辅相成、辩证统一的关系。核算是监督的基础，没有核算就无法进行监督，只有正确地核算，监督才有真实可靠的依据。而监督则是核算的延续和深化，如果只有核算而不进行监督，就不能发挥会计应有的作用，只有严格地进行监督，核算所提供的数据资料才能在经济管理中发挥更大的作用。

知识拓展

> 真实性审查，是指检查各项会计核算是否根据实际发生的经济业务进行，是否如实反映经济交易或事项的真实状况。
>
> 完整性审查，是指检查会计核算的范围和内容是否全面，是否有遗漏等不完整的情况。
>
> 合法性审查，是指检查各项经济交易或事项及其会计核算是否符合国家有关法律法规、遵守财经纪律、执行国家各项方针政策，以杜绝违法乱纪行为。
>
> 合理性审查，是指检查各项财务收支是否符合客观经济规律及经营管理方面的要求，保证各项财务收支符合特定的财务收支计划，实现预算目标，保持会计核算的准确性和科学性。

（三）其他职能

1. 预测职能

会计的预测职能是指会计人员对会计对象未来经济发展前景的一种预先反映功能。一般通过财务会计报告等信息，定量或者定性地判断和推测经济活动的发展变化规律，科学逻辑地推测未来，以此指导和调节经济活动，提高经济效益。

2. 决策职能

会计的决策职能是指从各种备选方案中选出最优方案，以获得最大的经济效益。正确的决策可以使企业获得最大效益，决策失误将会造成重大损失与浪费。会计反映经济活动的过程和成果，只有会计参与了决策，决策才不会陷入盲目性。

3. 评价职能

会计的评价职能是指通过财务会计报告等信息，运用特定的指标和标准，采用科学的方法，对企业一定期间的资产运营、经济效益等经营成果，进行定量及定性对比分析，从而作出公平、客观和真实的综合评判。

三、会计的特点

(一)会计是一项经济管理活动

会计是一项经济管理活动，它属于管理的范畴。其主要目标是提供有助于决策的信息。会计通过各种方式直接参与经济管理，并对企业的经济活动进行核算和监督。

(二)会计以货币为主要计量单位

经济活动中通常使用劳动量度(劳动日、工时等)、实物量度(千克、吨、米、台、件等)和货币量度(元、角、分等)三种计量单位，但是以货币量度为主。货币是一般等价物，是衡量一般商品价值的共同尺度，它能够全面反映企业的生产经营状况，并对计量结果进行统一衡量和综合比较。只有借助统一的货币量度，才能取得经营管理上所必需的连续、系统而综合的会计资料。

(三)会计具有核算和监督的基本职能

会计具有多种职能，而其最基本的职能是会计核算和会计监督。这两种职能我们在前文已经介绍，在此不再赘述。

(四)会计是一个经济信息系统

会计作为一个经济信息系统，将企业日常经济活动的第一手资料转化为货币的会计信息。这些信息是外部信息使用者和内部管理者进行相关决策的重要依据。这些信息可以帮助会计信息使用者们进行相关的经济决策。

(五)会计采用一系列专门方法

为了正确地反映企业经济活动，会计在长期发展过程中，形成了一系列科学实用的专门核算方法。会计方法简而言之，就是用来核算和监督会计对象，实现会计目标的手段。会计方法包括会计核算、会计分析和会计检查等。会计核算方法是指对已经发生的经济业务进行综合、连续、系统和全面的记录和计算，为经营管理提供有效的会计信息所应用的方法，它是整个会计方法体系的基本。会计分析方法和会计检查方法是在会计核算方法的基础上，利用提供的会计信息进行分析和检查所使用的方法。这些专门方法相互联系、相互配合，构成了一个完整的核算和监督经济活动过程即期结果的方法体系，是会计管理区别于其他经济管理的重要特征之一。

四、会计的含义

会计是适应人类生产实践和经济管理的客观需要而产生的，并随着生产的不断发展而发展。任何社会的经济管理活动都离不开会计，经济越发展，管理越要加强，会计就越重要。那么，究竟什么是会计呢？

现代会计是以货币为主要计量单位，采用专门方法和程序，对企业和行政、事业单位的经济活动过程及其结果进行准确完整、连续系统的核算和监督，以如实反映受托责任履行情况和提供有用经济信息为主要目的的经济管理活动。

五、会计机构设置

(一)设置原则

会计机构是企业、行政事业单位组织处理会计工作的职能部门。会计人员是直接从事会计工作的人员。各企业、行政事业单位都应按《中华人民共和国会计法》的规定设置会计机构，或者在有关机构中设置会计岗位并指定会计主管人员。

1. 应根据企业单位的规模大小、会计工作的繁简来设置会计机构

通常，业务活动规模大、业务过程复杂、经济业务量较多，以及管理较严格的单位，会计机构相应较大；相反，业务活动规模小、业务过程简单、经济业务量较少和管理要求不高的单位，会计机构相应较小。

2. 会计机构的设置应建立在科学组织、合理分工的基础上

会计工作是一项十分细致、复杂的工作，为了把这项细致而复杂的工作科学地组织起来，会计机构的内部必须有合理分工。这种分工必须根据企业经济业务的繁简和各项经济业务之间的有机联系来确定。

3. 应按"内部牵制"的原则做好会计机构的内部分工

在企业进行会计核算的每一个环节，必须坚持"内部牵制"原则。这种内部分工的形式考虑到了工作的合理性和严密性，同时更为重要的是可以保证会计记录的真实性、正确性，防止贪污舞弊、伪造账目等不法行为的发生。

(二)机构设置

各单位办理会计事务的组织方式有以下三种。

1. 独立设置会计机构

独立设置会计机构是指单位依法设置单独负责会计事务的内部机构，负责进行会计核算，实行会计监督，拟定本单位办理会计事务的具体办法，参与拟定经济计划、业务计划，考核、分析预算、财务计划的实行情况，办理其他会计事务等。

2. 在有关机构中设置会计人员并指定会计主管人员

不具备独立设置会计机构条件的，应当在有关机构中配置专职会计人员，并指定会计主管人员。会计主管人员是指不单独设置会计机构的单位负责组织管理会计事务、行使会计机构负责人职权的人员。

3. 实行代理记账

没有设置会计机构且未配置会计人员的单位，应当根据《代理记账管理办法》委托会计师事务所或者持有代理记账许可证书的其他代理记账机构进行代理记账。

学习情境二　会计核算的认知

情境导入

我们已经初步认识了"什么是会计"，并且了解了会计的最基本职能之一是核算职能，那么究竟什么是会计核算呢？它具体包括哪些内容呢？同学们，让我们一起来学习吧！

知识学习

一、会计核算的基本前提

会计核算的基本前提也称会计基本假设，是对会计核算时间和空间范围以及所采用的主要计量单位等所作的合理假定，是企业会计确认、计量、记录和报告的前提。会计基本假设包括会计主体、持续经营、会计分期和货币计量。

（一）会计主体

会计主体是指会计工作服务的特定对象，是会计确认、计量和报告的空间范围。它表明了会计核算所"服务"的特定单位，解决了会计核算"谁"的经济业务，为"谁"记账的问题。在会计主体假设下，企业应当对其本身发生的交易或事项进行会计确认、计量、记录和报告，反映企业本身所从事的各项生产经营活动和其他相关活动。如果某项经济交易或事项是企业所有者个体所发生的，则不应纳入企业会计核算的范围。如果企业所有者向企业投入资本或企业向投资者分配利润，则属于企业会计主体的核算范围。

一般情况下，会计主体就是一个单位，如一个学校、一所医院等，这些个体单位都是独立法人。需要注意的是，会计主体和法律主体（法人）是有区别的。凡是法律主体必为会计主体，但会计主体不一定是法律主体。例如，个人独资企业和合伙企业不具有法人资格，但在会计核算上应当将其视为会计主体。

动脑筋：企业集团中的母公司拥有若干子公司，母、子公司是不同的法律主体，如果为了全面反映企业集团的财务状况、经营成果等信息，是否可以将企业集团作为一个会计主体进行编制合并财务报表？

（二）持续经营

持续经营是指企业或会计主体的生产经营活动将按既定的目标持续不断地经营下去，即在可预见的未来，企业不会面临破产，不会进行清算。它明确了会计工作的时间范围。在持续经营的前提下，才能使企业拥有的资产按原定用途使用、负债按时清偿、经营成果顺利确认，企业对会计信息的收集、处理所使用的会计处理方法才能保持稳定性和一致性，会计记录和会计报表才能真实可靠。

（三）会计分期

会计分期又称会计期间，是指将企业持续不断的生产经营活动按长短标准分割为一个个连续的、长短相同的期间，以便分期结算账目和编制财务会计报告。它是对会计工作时间范围的具体划分，是在会计工作中为核算生产经营活动或预算执行情况所规定的起讫日期。

会计期间主要是确定会计年度，我国会计年度自公历1月1日起至12月31日止。会计年度确定后，按日历确定会计半年度、会计季度和会计月度。半年度、季度和月度均称为会计中期。

由于有了会计分期，才产生了当期与以前期间、以后期间的差别，才产生了权责发生制和收付实现制的区别，进而出现了应收、应付、预收、折旧、摊销等会计处理方法。

（四）货币计量

货币计量是指会计主体在会计的确认、计量和报告过程中以货币为计量尺度，反映会计主体的经营活动。

我国会计核算以人民币为记账本位币，业务收支以外币为主的企业，也可以选定某种外币作为记账本位币，但编制的会计报表应当折算为人民币反映。境外企业向国内有关部门编报会计报表，应当折算为人民币反映。

二、企业信息质量要求

会计信息质量是指会计信息符合会计法律、会计准则等规定要求的程度以及满足企业利益相关者需要的能力和程度。

会计信息质量要求是对企业财务会计报告中所提供的高质量会计信息的基本规范，它们是处理会计业务的基本依据，是在会计核算目标制约下，进行会计核算的标准和基本质量要求。《企业会计准则》中共确定了八项基本原则，分别是可靠性、相关性、可理解性、可比性、实质重于形式、重要性、谨慎性和及时性。

(一)可靠性

可靠性原则要求企业应当以实际发生的交易或者事项为依据进行确认、计量、记录和报告，如实反映符合确认和计量要求的各项会计要素及其他相关信息，保证会计信息真实可靠、内容完整。可靠性是高质量会计信息的重要基础和关键所在。

可靠性原则要求企业做到以下几点：

(1)企业应当以实际发生的交易或者事项为依据，进行确认、计量和报告。

(2)完整地反映会计信息内容，不随意漏报或少报。

无论企业以虚假的交易或者事项进行确认、计量、记录和报告还是存在漏保或少报会计信息内容，都属于违法行为，不仅会严重损害会计信息质量，而且会误导投资者，干扰资本市场，导致会计秩序、财经秩序混乱。

(3)财务报告中列示的会计信息应当是客观中立的，虚假和错误的会计信息会误导信息使用者，这样会计信息就不能实现其效果，会计工作也就没有任何意义了。

(二)相关性

相关性原则，也称为有用性原则，要求企业提供的会计信息应当与财务会计报告使用者的经济决策需要相关，有助于财务会计报告使用者对企业过去、现在或者未来的情况作出评价或者预测。

会计信息是否有用是会计信息质量的重要标志和基本特征之一。相关的会计信息应当具有以下价值：

(1)反馈价值，即有助于财务报告使用者评价企业过去的决策，证实或者修正过去的有关预测。

(2)预测价值，有助于财务报告使用者依据会计信息预测企业未来的财务状况、经营成果和现金流量。

(三)可理解性

可理解性原则是指企业提供的信息应当清晰明了,便于投资者等财务报告使用者理解和使用。

财务报告要让使用者有效地使用会计信息,就要求财务报告提供的会计信息清晰明了、易于理解。例如,会计信息应当使用明确、贴切的语言和简明扼要、通俗易懂的文字,数据记录和文字说明应能一目了然地反映出交易或事项的来龙去脉。会计信息中不得有含糊其辞、夸大或者缩小等性质的词句,不得有误导性陈述等。

(四)可比性

可比性原则是指企业提供的会计信息应当相互可比。具体包括以下两个方面:

(1)同一企业不同时期可比,即纵向可比,要求同一企业在不同时期发生的相同或者相似的交易或事项,应当采用一致的会计政策,不得随意变更。确实需要变更的,应当在附注中说明。保持同一企业不同时期会计信息的可比性,有助于会计信息使用者了解企业财务状况、经营成果和现金流量的变化趋势,比较企业不同时期的会计信息,全面、客观地评价过去、预测未来,作出决策。

(2)不同企业相同会计期间可比,即横向可比,要求不同企业发生的相同或者相似的交易或事项,应当采用规定的会计政策,确保会计信息口径一致,相互可比。保持不同企业相同时期会计信息的可比性,有助于会计信息使用者了解不同企业的财务状况、经营成果和现金流量及其差异,比较分析不同企业相同时期的会计信息产生差异的原因,全面、客观地评价不同企业的优劣,作出相应决策。

> **温馨提示:**
> (1)会计政策是指企业在会计确认、计量、记录和报告中所采用的原则、基础和处理方法。
> (2)可比性要求企业采用的会计政策不得随意更改,而不是不得更改。变更会计政策前要按合法手续进行,变更后要及时、合理披露。

(五)实质重于形式

实质重于形式原则要求企业应当按照交易或者事项的经济实质进行会计确认、计量和报告,不应仅以交易或者事项的法律形式为依据。

在实际工作中,企业发生的大多数交易或事项其经济实质和法律形式是一致的,但在有些情况下,部分交易或事项的外在法律形式并不总能反映其实质内容,会计必须根据交易或事项的实质而非其法律形式进行核算和反映。例如,企业以融资租赁方式租入固定资产,尽管法律上固定资产的所有者仍属于出租人，但由于租赁期占固定资产使用寿命的大部分，并且租赁期间产生的经济利益归承租人所有，所以，按实质重于形式的要求，应将融资租入的固定资产视为自有固定资产核算，列入资产负债表中。

(六) 重要性

重要性原则要求企业提供的会计信息应当反映与企业财务状况、经营成果和现金流量有关的所有重要交易或者事项。

在工作中，对会计信息使用者的决策会产生决定性影响的会计信息，我们可以称之为具有重要性的信息。重要性的应用需要依赖职业判断。在实务中，对于重要的会计事项应单独核算、单独反映；而对于不重要的会计事项，则可适当简化或合并反映，以便集中精力抓好关键，也更符合财务会计报告的要求。

(七) 谨慎性

谨慎性原则要求企业对交易或者事项进行会计确认、计量和报告时保持应有的谨慎，不应高估资产或者收益、低估负债或者费用。

谨慎性原则能帮助企业合理估计存在的风险，在一定程度上降低由于管理当局对企业过于乐观的态度所可能导致的危险，也有利于保护投资者和债权人的利益，提高企业的市场竞争力。

(八) 及时性

及时性原则要求企业对于已经发生的交易或者事项，应当及时进行会计确认、计量和报告，不得提前或者延后，及时性对相关性和可靠性起着制约作用。

及时性原则包括三方面的内容：

(1) 会计信息收集及时，即在交易或者事项发生后，及时收集整理各种原始单据或者凭证。

(2) 会计信息处理及时，即按照会计准则的规定，及时对交易或事项进行确认和计量，并编制财务报告。

(3) 会计信息传递及时，即按照国家规定的有关时限，及时地将编制的财务报告传递给财务报告使用者，便于其及时使用和决策。

三、会计核算方法

会计方法是履行会计职能、完成会计任务、实现会计目标的方式，是会计管理的手段。会计方法具体包括会计核算方法、会计分析方法和会计检查方法。会计核算方法（见表2-2-1）是整个会计方法体系的基础。

表 2-2-1　会计核算方法

会计核算方法	概念
设置账户	是指对会计对象要素的具体内容进行归类、核算和监督的一种专门方法
复式记账	是对每一项经济业务以相等的金额，在两个或两个以上相互联系的账户中进行登记的一种专门方法
填制和审核凭证	是为了保证会计记录完整、可靠，审查经济活动是否合理合法而采用的一种专门方法
登记账簿	是在账簿中连续地、完整地、科学地记录和反映经济活动及财务收支的一种专门方法
成本计算	是按照一定的成本对象，对生产经营过程中所发生的成本、费用进行归集，以确定各对象的总成本和单位成本的一种专门方法
财产清查	是通过盘点实物、核对往来款项，以查明财产实有数的一种专门方法
编制财务会计报告	是以书面报告的形式，定期总括反映生产经营活动的财务状况和经营成果的一种专门方法

学习情境三　会计要素与会计等式

情境导入

企业在生产经营过程中会产生很多经济活动，同学们，是不是所有的经济活动都与会计工作相关，都是会计对象呢？会计对象的内容是多种多样、错综复杂的，为了科学系统地对其进行反映和监督，还要将它进一步划分。划分后的会计对象之间又有什么关系呢？下面，让我们一起来学习吧！

知识学习

一、会计对象与资金运动规律

（一）会计对象

会计对象是指会计核算和监督的内容。企业在生产经营过程中会产生很多经济活动，但并不是所有的经济活动都是会计对象。通常，社会再生产过程中能够以货币表现的经济活动，我们称之为会计对象。例如，业务员小王到财务科报销差旅费，毫无疑问这项经济活动可以用货币来表现，因此我们可以确定这项经济活动就是会计对象。

(二) 资金运动规律

会计对象通常以资金运动的形式表现出来。一般情况下，资金运动过程可以分为资金的投入、资金的运用、资金的退出三个基本环节。由于各企事业单位的性质不同，资金运动的方式也有较大的差异。工业企业资金运动的过程如图 2-3-1 所示。

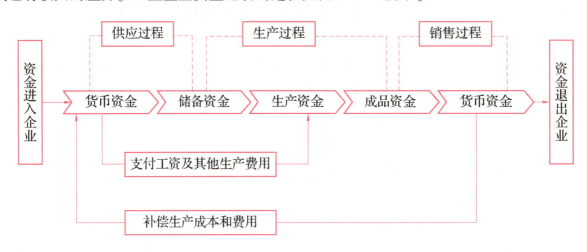

图 2-3-1　工业企业资金运动的过程

在日常经营中，企业沿着供应、生产、销售三个经营过程，会发生一系列与现金、银行存款有关的经济活动。其中，现金或银行存款都是货币资金，从货币资金开始，最后又回到货币资金，这是一个资金循环过程。

1. 资金的投入

任何单位的创立，首先要有一定的"本钱"，这就涉及资金的投入。资金投入的方式大体上包括两部分：一是企业所有者（投资者）投入的资金；二是债权人投入的资金。前者形成所有者权益，而后者形成债权人权益，即负债。在这个阶段资金一直以货币资金形态而存在。

2. 资金的运用

工业企业的经营过程包括供应、生产、销售三个阶段。将资金运用于生产经营过程就意味着资金在这三个阶段的循环与周转。企业用现金或银行存款购买原材料进行生产储备，我们称之为供应过程。生产工人借助机器设备对原材料进行加工、生产出产品，这就是生产过程。在这个阶段还会发生原材料消耗的材料费、固定资产磨损的折旧费、生产工人工资等生产经营过程中的必要开支。将产品对外出售，重新收回现金或银行存款，同时还需要支付必要的销售费用，这就是销售过程。

通过以上资金运动过程的分析，我们可以看出，这个阶段的资金形态并不是一成不变的，它依次转变的形式为：货币资金→储备资金→生产资金→成品资金→货币资金。

3. 资金的退出

资金的退出是资金运动的终点，主要包括偿还债务、缴纳各项税费、向所有者分配利润、经法定程序减少资本等。

> **动脑筋**：请同学们分析一下，"签订经济合同""购买办公用品""商务谈判"等活动中，哪项属于会计对象范畴？

二、会计要素

（一）会计要素的概念

会计要素是根据交易或者事项的经济特征所确定的财务会计对象和基本分类。它是根据会计基本前提对会计对象进行的基本分类，是会计核算对象的具体化，也是会计用于反映会计主体财务状况、确定其经营成果的基本单位。

会计要素

会计要素是组成会计报表的基本单位，是按照交易或事项的经济特征所作的基本分类。

（二）会计要素的分类

我国《企业会计准则》将会计要素划分为资产、负债、所有者权益、收入、费用、利润六类。其中，资产、负债和所有者权益表现资金流动的静止状态，反映企业的财务状况，在资产负债表中列示；而收入、费用和利润则表现资金流动的动态情况，即反映企业的经营成果，应在利润表中列示。

1. 资产（见表 2-3-1）

表 2-3-1　资产

定义	资产是指企业过去的交易或者事项形成的，由企业拥有或者控制的，预期会给企业带来经济利益的资源
特征	（1）资产是由过去交易或事项所形成的； （2）资产是企业拥有或控制的； （3）资产预期能给企业带来经济利益

续表

种类	资产按流动性进行分类，可分为流动资产和非流动资产。 (1)流动资产是指预计在一个正常营业周期中变现、出售或耗用，或者以交易目的而持有的，或者预计在资产负债表日起一年内(含一年)变现的资产。例如，库存现金、银行存款、应收及预付款项、存货及交易性金融资产等。 (2)非流动资产是指流动资产以外的资产，它主要包括长期股权投资、固定资产和无形资产等
确认	(1)与该资源有关的经济利益很可能流入企业； (2)该资源的成本或价值能够可靠地计量

2. 负债(见表2-3-2)

表2-3-2 负债

定义	负债是指企业过去的交易或者事项形成的，预期会导致经济利益流出企业的现时义务
特征	(1)负债是由过去的交易或事项形成的现时义务； (2)负债的清偿预期会导致经济利益流出企业； (3)负债是能够用货币计量的
种类	按偿还期限的长短，可将负债分为流动负债和非流动负债。 (1)流动负债是指预计一个正常营业周期中偿还，或者以交易为目的而持有的，或者自资产负债表日起一年内(含一年)到期应予以偿还的负债。例如，短期借款、应付及预收账款、应付职工工资、应交税费、应付股利和其他应付款等。 (2)非流动负债是指流动负债以外的负债，一般包括长期借款、应付债券和长期应付款等
确认	(1)与该义务有关的经济利益很可能流出企业； (2)未来流出的经济利益的金额能够可靠地计量

3. 所有者权益(见表2-3-3)

表2-3-3 所有者权益

定义	所有者权益是指企业资产扣除负债后由所有者享有的剩余权益。公司的所有者权益又称为股东权益
特征	(1)除非发生减资、清算或分派现金股利等现象，企业不需要偿还所有者权益； (2)企业进行清算时，只有清偿完所有债务之后，所有者权益才返还给所有者； (3)所有者凭借所有者权益能够参与利润分配
种类	所有者权益包括所有者投入的资本、其他综合收益、留存收益等，通常由股本(或实收资本)、资本公积(含股本溢价或资本溢价、其他资本公积)、其他综合收益、盈余公积和未分配利润等构成

续表

确认	所有者权益的确认和计量不能单独进行，主要取决于资产、负债、收入、费用等其他会计要素的确认和计量。所有者权益在数量上是指企业资产总额扣除债权人权益后享有的剩余权益

4. 收入(见表 2-3-4)

表 2-3-4　收入

定义	收入是企业在日常活动中形成的、会导致所有者权益增加的、与所有者投入资本无关的经济利益的总流入
特征	(1)收入是企业在日常活动中形成的； (2)收入会导致所有者权益的增加； (3)收入是与所有者投入资本无关的经济利益的总流入
种类	收入可以分为销售商品收入、提供劳务收入和让渡资产使用权收入(如出租固定资产和包装物的租金收入、转让无形资产使用权收入以及金融企业的利息收入等)
确认	当企业与客户之间的合同同时满足下列条件时，企业应当在客户取得相关商品控制权时确认收入： (1)合同各方已批准该合同并承诺将履行各自义务； (2)该合同明确了合同各方与所转让商品或提供劳务相关的权利和义务； (3)该合同有明确的与所转让商品或提供劳务相关的支付条款； (4)该合同具有商业实质，即履行该合同将改变企业未来现金流量的风险、时间分布或金额； (5)企业因向客户转让商品或提供劳务而有权取得的对价很可能收回

5. 费用(见表 2-3-5)

表 2-3-5　费用

定义	费用是指企业在日常活动中发生的，会导致所有者权益减少的，与向所有者分配利润无关的经济利益的总流出
特征	(1)费用是企业在日常活动中发生的； (2)费用会导致所有者权益的减少； (3)费用是与向所有者分配利润无关的经济利益的总流出
种类	(1)生产费用。生产费用是与企业日常生产经营活动有关的费用，按其经济用途不同，可以分为直接材料、直接人工和制造费用。 (2)期间费用。期间费用是指企业本期发生的、不能直接或间接归入生产成本，而是直接计入当期损益的各项费用，包括管理费用、销售费用和财务费用

确认	(1) 与费用相关的经济利益很可能流出企业； (2) 经济利益流出企业的结果会导致资产的减少或者负债的增加； (3) 经济利益的流出额能够可靠计量

6. 利润（见表 2-3-6）

表 2-3-6　利润

定义	利润是指企业在一定会计期间内的经营成果
特征	(1) 它是企业一定期间内全部收入与全部费用相配比的结果； (2) 作为反映企业经营成果的最终要素，当收入与费用配比、相抵后的差额为正时，是企业的利润；反之，差额为负则是企业的亏损
种类	(1) 收入减去费用后的净额，反映的是企业日常活动的业绩； (2) 直接计入当期利润的利得和损失，即应当计入当期损益、会导致所有者权益发生增减变动的、与所有者投入资本或者向所有者分配利润无关的利得或损失
确认	利润的确认主要依赖于收入和费用以及利得和损失的确认，其金额的确定也主要取决于收入、费用、利得和损失金额的计量

六大会计要素之间的关系如表 2-3-7 所示。

表 2-3-7　六大会计要素之间的关系

资产=负债+所有者权益	收入-费用=利润
资金流动的静态表现	资金流动的动态表现
表明资金的来源与归属	表明经营成果与相应期间收入和费用的关系
编制资产负债表的依据	编制利润表的基础

三、会计要素计量属性及其应用原则

会计计量是为了将符合确认条件的会计要素登记入账并列报于财务报表而确定其金额的过程。会计要素计量属性主要包括历史成本、重置成本、可变现净值、现值和公允价值等。

（一）历史成本

历史成本又称实际成本，是指取得或制造某项财产物资时所实际支付的现金或者现金等价物。采用历史成本计量时，资产按照其购置时支付的现金或现金等价物的金额或购置时所付出对价的公允价值计量。负债按照其因承担现时义务而实际收到的款项或资产的金额计量，或者按照承担现时义务的合同金额计量，或者按照日常活动中为偿还负债预期需要支付的现金或现金等价物的金额计量。

（二）重置成本

重置成本又称现行成本，是指按照当前市场条件，重新取得同样一项资产所需支付的现金或现金等价物金额。采用重置成本计量时，资产按照现在购买相同或者相似资产所需支付的现金或者现金等价物的金额计量。负债按照现在偿付该项债务所需支付的现金或者现金等价物的金额计量。

（三）可变现净值

可变现净值，是指在生产经营过程中，以预计售价减去进一步加工成本和销售所必需的预计税金、费用后的净值。采用可变现净值计量时，资产按照其正常对外销售所能收到现金或者现金等价物的金额，扣减该资产至完工时估计将要发生的成本、估计的销售费用以及相关税费后的金额计量。

（四）现值

现值，是指对未来现金流量以恰当的折现率进行折现后的价值，是考虑货币时间价值因素等的一种计量属性。采用现值计量时，资产按照预计从其持续使用和最终处置中所产生的未来净现金流入量的折现金额计量。负债按照预计期限内需要偿还的未来净现金流出量的折现金额计量。

（五）公允价值

公允价值，是指市场参与者在计量日发生的有序交易中，出售一项资产所能收到或者转移一项负债所需支付的价格，即脱手价格。

四、会计等式

（一）会计等式的含义

会计等式又称会计恒等式、会计方程式或会计平衡公式，它是反映各会计要素之间基本关系的等式。会计等式通常有以下三种表现形式。

1. 财务状况等式：资产=负债+所有者权益

企业要开展生产经营活动，必须有一定的本钱，表现为企业的资产。这些资产主要来源于两部分：一部分是投资人投入的，即形成了所有者权益；另一部分是借入的，即形成了负债。因此，会计基本要素之间的平衡关系表现为：

$$资产=负债+所有者权益$$

这一平衡关系被称为会计基本等式，是资产在某一时点的静态反映，是编制资产负债表的依据。

因为所有者权益和负债统称为权益，因此会计基本等式又可写成：

$$资产=权益$$

2. 经营成果等式：收入-费用=利润

企业生产经营的主要目的就是获取收入，实现盈利。在取得收入的同时必会发生相应的资产耗费，即形成企业的费用。收入扣除成本费用即形成企业的利润。因此，会计从属要素之间的平衡关系可表现为：

$$收入-费用=利润$$

这一平衡关系是会计要素在某一期间的动态反映。如果利润为正，就会使所有者权益增加；反之，所有者权益就会减少。

3. 财务状况和经营成果相结合的等式

在企业经营过程中，上述会计等式可扩展为：

$$资产=负债+所有者权益+利润$$
$$资产=负债+所有者权益+(收入-费用)$$

(二)经济业务对会计等式的影响

企业日常发生的经济业务是多种多样的，但无论企业在生产经营过程中发生什么样的经济业务，引起资产、负债和所有者权益这三个会计要素在数量上发生怎样的增减变化，都不会破坏会计基本等式的平衡关系。

情境引例

经济业务的发生会引起会计要素增减变化，不外乎以下四种情况。

1. 资产与权益同时增加

(1)一项资产增加、一项负债等额增加。

【案例2-3-1】从银行借入期限为6个月的短期借款7 000万元。

这笔经济业务使企业的一项资产(银行存款)增加7 000万元，一项负债(短期借款)同时增加7 000万元，等式左右两边金额等额增加，其平衡关系保持不变。

(2)一项资产增加、一项所有者权益等额增加。

【案例2-3-2】企业收到投资100 000元，存入银行。

这笔经济业务使企业的一项资产(银行存款)增加了100 000元，一项所有者权益(实收资本)增加了100 000元，等式两边金额等额增加，其平衡关系保持不变。

2. 资产与权益同时减少

(1)一项资产减少、一项负债等额减少。

【案例2-3-3】用银行存款偿还短期借款50 000元。

这笔业务使企业一项资产(银行存款)减少了50 000元,一项负债(短期借款)减少了50 000元。等式左右两边金额等额减少,其平衡关系保持不变。

(2)一项资产减少、一项所有者权益等额减少。

【案例2-3-4】股东大会决定减少注册资本3 000万元,以银行存款向投资者退回其投入的资本。

这笔业务使企业一项资产(银行存款)减少3 000万元,一项所有者权益(实收资本)同时减少3 000万元,等式左右两边金额等额减少,其平衡关系保持不变。

3. 资产之间有增有减

【案例2-3-5】企业从银行提取现金500元。

这笔业务使企业一项资产(库存现金)增加了500元,一项资产(银行存款)减少500元。资产内部发生一增一减的变化,变化的金额相等,不会破坏资产与权益的平衡关系。

4. 权益之间有增有减

(1)一项负债增加、一项所有者权益等额减少。

【案例2-3-6】宣布向投资者分配利润1 000万元。

这笔业务使企业的一项负债(应付利润)增加1 000万元,一项所有者权益(未分配利润)同时减少1 000万元,即会计等式右边一项负债增加而一项所有者权益等额减少,不会破坏资产与权益的平衡关系。

(2)一项负债减少、一项所有者权益等额增加。

【案例2-3-7】企业由于现金流不足,无法偿付货款,经协商,将前欠A企业的购货款2 000万元,以普通股抵偿该债务。

这笔业务使企业的一项负债(应付账款)减少2 000万元,一项所有者权益(股本)同时增加2 000万元,即会计等式右边一项所有者权益增加而一项负债等额减少,不会破坏资产与权益的平衡关系。

(3)一项负债增加、一项负债等额减少。

【案例2-3-8】企业用应付票据偿还应付账款5 000元。

这笔业务使企业一项负债(应付票据)增加了5 000元,一项负债(应付账款)减少5 000元。负债内部发生一增一减的变化,变化的金额相等,不会破坏资产与权益的平衡关系。

(4)一项所有者权益增加、一项所有者权益等额减少。

【案例2-3-9】企业将资本公积1 000万元转为实收资本。

这笔业务使企业一项所有者权益(实收资本)增加了1 000万元,一项所有者权益(资本公积)减少1 000万元。所有者权益内部发生一增一减的变化,变化的金额相等,不会破坏资产与权益的平衡关系。

以上案例表明，经济业务的发生不会破坏资产、负债及所有者权益的平衡关系。这一平衡关系是复式记账、账户试算平衡和编制资产负债表的理论依据。

动脑筋：企业开办时投入资金为100万元，此时的所有者权益为100万元。1年后所有者权益总额会发生变化吗？会怎样变化？

【资料】智科公司的有关资产、负债、所有者权益、收入、费用、利润的资料如下(假定不考虑金额)。

(1) 由出纳员负责的库存现金；　　(2) 暂欠供应商的材料款；
(3) 支付的广告费；　　　　　　　(4) 销售产品的收入；
(5) 投资者投入的资本；　　　　　(6) 生产产品使用的各种机器设备；
(7) 罚款收入；　　　　　　　　　(8) 从银行取得为期半年的借款；
(9) 行政管理部门使用的计算机；　(10) 销售产品的成本。

【要求】根据上述资料，逐项指出应当归属的会计要素及具体项目。

学习情境四　会计科目和账户的设置

企业会计核算的对象是会计要素，为了全面、系统、详细地对各项会计要素的具体内容及其增减变化进行监督和核算，还需要对会计要素按其经济内容进一步细化，即设置会计科目。同学们，你知道会计科目和账户是如何设置的吗？它们二者之间是什么关系呢？下面，让我们一起来学习吧！

一、设置会计科目

(一) 认识会计科目

如果我们要把企业所发生的每一笔经济业务都清楚地记录下来，就必须对会计要素做进一步分类,并对这种分类赋予一个既简明扼要又通俗易懂的名称,这就是会计科目。会计科目,简称科目,是对会计要素按照不同的经济内容和管理需要进行分类的项目。我们也可以理解为,会计科目是对会计对象的进一步细化和"名字具体化"。

(二)会计科目的分类

1. 按经济内容分类

会计科目按其所反映的经济内容,可分为六大类,即资产类科目、负债类科目、共同类科目、所有者权益类科目、成本类科目、损益类科目。

2. 按提供信息的详细程度分类

(1)总分类科目,也称总账科目或一级科目,是对会计要素进行总括分类的类别名称,是进行总分类核算的依据。

(2)明细分类科目,也称明细科目或细目,是对总账科目所属经济内容详细分类的会计科目。为了便于核算与管理,企业在总账科目下设二级、三级等明细科目。二级科目又称子目,三级以下称为细目,是设置明细账的依据。

现以原材料为例,列表说明一级科目、子目、细目的相互关系(见表2-4-1)。

表 2-4-1 一级科目、子目、细目相互关系

总分类科目(一级科目)	二级科目(子目)	明细分类科目(细目)
原材料	原料及主要材料	钢材
		生铁
	辅助材料	型砂
		油漆
	燃料	焦炭
		煤炭

由表2-4-1可以看到,总分类科目对明细分类科目起着统驭和控制的作用,明细分类科目对总分类科目起着补充和说明的作用。

(三)会计科目的设置原则

我国企业会计准则规定,总分类科目由财政部统一制定并统一编号,明细分类科目除会计准则规定设置的以外,企业可根据实际需要自行设置。为了更好地发挥会计科目在核算中的作用、正确使用会计科目,各企业在设置会计科目的时候应当遵守一定的原则(见表2-4-2)。

表2-4-2 会计科目的设置原则

合法性原则	所设置的会计科目应当符合国家统一的会计准则的规定。企业应统一按企业会计准则要求设置会计科目
相关性原则	所设置的会计科目应当为提供各方需要的会计信息服务，满足对外报告与对内管理的需要
实用性原则	在合法性的基础上，企业应当根据组织形式、经营内容、业务种类等自身的特点，设置符合企业需要的会计科目，满足企业实际需要

企业经常使用的会计科目如表2-4-3所示。

表2-4-3 会计科目表（简）

顺序号	编号	会计科目名称	顺序号	编号	会计科目名称
		一、资产类	25	2241	其他应付款
1	1001	库存现金	26	2601	长期借款
2	1002	银行存款	27	2602	应付债券
3	1121	应收票据			三、共同类（略）
4	1122	应收账款			四、所有者权益类
5	1123	预付账款	28	4001	实收资本
6	1131	应收股利	29	4002	资本公积
7	1231	其他应收款	30	4101	盈余公积
8	1241	坏账准备	31	4103	本年利润
9	1401	材料采购	32	4104	利润分配
10	1402	在途物资			五、成本类
11	1403	原材料	33	5001	生产成本
12	1406	库存商品	34	5101	制造费用
13	1601	固定资产			六、损益类
14	1602	累计折旧	35	6001	主营业务收入
15	1701	无形资产	36	6051	其他业务收入
16	1901	待处理财产损溢	37	6111	投资收益
		二、负债类	38	6301	营业外收入
17	2001	短期借款	39	6401	主营业务成本
18	2201	应付票据	40	6402	其他业务成本
19	2202	应付账款	41	6405	税金及附加
20	2205	预收账款	42	6601	销售费用
21	2211	应付职工薪酬	43	6602	管理费用
22	2221	应交税费	44	6603	财务费用
23	2231	应付利息	45	6711	营业外支出
24	2232	应付股利	46	6801	所得税费用

二、设置会计账户

(一)认识账户

在实际业务中,当企业发生经济业务时,只能通过会计科目描述其涉及的内容。因为会计科目只是规定了会计对象具体内容的类别名称,所以它们不能将经济业务涉及的内容记录下来。为了连续、系统、全面地记录企业发生的各项经济业务内容,必须开设账户。

账户是根据会计科目设置的,具有一定格式和结构,用于分类反映会计要素增减变化情况及其结果的载体。

(二)账户的基本结构

为了反映特定的经济内容,就必须为账户确定相应的格式,这种格式被称为账户的结构。在实际工作中,为了详细记录经济业务,并保证会计信息的真实、完整,账户必须使用正规格式,具体内容如下:

(1)账户名称,即会计科目。
(2)日期,即说明已发生的经济业务的日期。
(3)凭证字号,即记录经济业务的记账凭证的编号。
(4)摘要,即经济业务的简要说明。
(5)金额,即增加额、减少额和余额。

账户的基本结构如表2-4-4所示。

表2-4-4 账户的基本结构

账户名称

年		凭证字号	摘要	增加额	减少额	余额
月	日					

在会计教学中通常将账户结构简化为丁字账("T"形账)结构(见图2-4-1)。

```
借方          账户名称          贷方
─────────────────────────────────
              │
              │
              │
```

图2-4-1 丁字账结构

丁字账户通常分左右两方，其中一方记录数额的增加，另一方记录数额的减少。账户中登记本期增加的金额，称为账户的本期增加发生额；登记本期减少的金额，称为账户的本期减少发生额。同时，增减相抵后的差额，称为账户的余额。余额按照表示的时间不同，可分为期初余额和期末余额。

其基本关系为：期末余额=期初余额+本期增加发生额–本期减少发生额

三、会计科目与会计账户的区别和联系

会计科目与会计账户是两个不同的概念，两者之间既有联系又有区别，如表2-4-5所示。

表2-4-5　会计科目与会计账户的区别和联系

联系	会计科目是按会计对象具体内容分类的项目，账户又是根据会计科目开设的，即会计科目是设置账户的依据
	会计科目是账户的名称
	账户是会计科目的具体运用
	会计科目规定的核算内容，也正是账户应该记录反映的经济内容，也就是说两者核算内容一致，性质相同
区别	会计科目是对会计对象核算的具体内容进行科学分类的标志，是设置账户、组织会计核算的依据，它仅仅是一个名称； 账户是会计科目的具体运用，具有一定的结构和格式，并通过其结构反映某项经济内容的增减变动及其余额
	会计科目是国家通过制定企业会计准则而统一规定的； 账户是由企业单位根据会计科目的设置和自身经营管理的需要在账簿中开设的

学习情境五　复式记账法

情境导入

企业经济业务发生后，必然会引起某些项目发生增减变动，这些变动需要在账户中加以记录，这就是记账。同学们，你知道我国企业会计准则中对企业记账方法的选择是如何规定的吗？下面，让我们一起来学习吧！

知识学习

一、记账方法

记账方法，是指对发生的经济业务根据一定的原理，运用一定的记账符号和记账规则在账户中予以登记的方法。按照记录经济业务方式的不同，记账方法可以分为单式记账法和复式记账法。

(一)单式记账法

单式记账法是一种简单的、不完整的记账方法。它是指对发生的每一项经济业务，只在一个账户中加以登记的记账方法。例如，某企业用银行存款购买原材料，根据单式记账法的规则，只在银行存款账户中登记因购买原材料而支付的金额，而原材料的增加则并不予以单独记录。单式记账法手续较为简单，但是账户的设置并不完整，无法清楚、准确地反映发生经济业务涉及的账户之间的关系，不能全面、完整地反映经济业务的来龙去脉，也不便于检查账户记录的正确性和完整性。

(二)复式记账法

复式记账法是以会计平衡公式的基本原理为记账基础，对发生的每一笔经济业务，都要在两个或两个以上相互联系的账户中进行登记，系统地反映资金运动变化结果的一种记账方法。

仍旧引用上例，某企业用银行存款购买原材料，根据复式记账法的规则，一方面要在银行存款账户中登记因购买原材料而支付的金额，另一方面要在原材料账户中登记增加的原材料情况。在复式记账法下，每一笔经济业务的发生，都会引起两项或两项以上的账户发生增减变化，而且增减变动的金额是相等的。这样登记的结果能够更全面清晰地反映资金变化的来龙去脉。除此之外，复式记账法能够进行试算平衡，便于查账和对账。

(三)复式记账法的种类

按照记账符号、记账规则、试算平衡的不同，复式记账法可分为借贷记账法、收付记账法和增减记账法。我国《企业会计准则》规定企业应当采用借贷记账法记账。

二、借贷记账法

(一)借贷记账法记账规则

借贷记账法，是以"借"和"贷"作为记账符号的一种复式记账法。借贷记账法产生于12世纪的意大利，随后传到欧洲、美洲等地，不断发展和完善。

借贷记账法具有以下特点：

1. "借"和"贷"作为记账符号

在借贷记账法下，"借"和"贷"基本上已经丧失了它们在汉语中的本身意思解释，在这里它们只是一种符号，表示增加或者减少，它们的具体含义取决于账户所反映的经济内容。

2. "有借必有贷，借贷必相等"为记账原则

在借贷记账法下，任何一笔经济业务的发生，都会引起一个(或多个)账户借方金额的变化，且该变化必然等于另一个(或多个)账户贷方金额的变化。

> **温馨提示：**
> 借贷记账法下，具体运用记账规则时，应注意以下要点：
> (1)明确经济业务涉及哪些账户。
> (2)所确定的账户性质如何，即属于上述哪类会计要素。
> (3)根据不同性质的账户，确定其记账方向，增加记哪方，减少记哪方。
> (4)记入各方的金额各是多少。

(二)借贷记账法的账户结构

在借贷记账法下，每个账户都分为"借方"和"贷方"，一般是账户左为借方，账户右为贷方。所有账户的借方和贷方按相对应方向记录增加数和减少数，即一方登记增加，另一方登记减少。到底哪一方记录增加额，哪一方记录减少额，则取决于账户的性质。借贷记账法下账户记账方向如表2-5-1所示。

表 2-5-1　借贷记账法下账户记账方向

账户的性质 \ 金额	本期增加数	本期减少数	期初、期末余额
资产类账户	借方	贷方	借方
成本、费用类账户	借方	贷方	一般无余额
负债、所有者权益类账户	贷方	借方	贷方
收入类账户	贷方	借方	一般无余额

1. 资产类账户的结构

资产类账户借方登记资产的增加，贷方登记资产的减少，余额一般在借方，表示资产的

结存额,如图 2-5-1 所示。

借方	资产科目名称	贷方
期初余额		
本期增加额		本期减少额
本期借方发生额		本期贷方发生额
期末余额		

图 2-5-1 资产类账户的结构

资产类账户期末余额计算公式:

期末余额(借方)= 期初余额(借方)+本期借方发生额-本期贷方发生额

现以"银行存款"账户为例,说明资产类账户的结构和登记方法,如图 2-5-2 所示。

借方	银行存款	贷方	
期初余额	154 000		
①收入	100 000	①支出	120 000
②收入	160 000	②支出	72 000
③收入	21 800	③支出	39 000
本期借方发生额	281 800	本期贷方发生额	231 000
期末余额	204 800		

图 2-5-2 资产类账户的结构和登记方法

"银行存款"账户的余额为借方余额,其计算过程为:

期末余额 = 154 000+281 800-231 000 = 204 800(元)

上例用三栏账页格式表示,如表 2-5-2 所示。

表 2-5-2 三栏账页格式

银行存款

××年		凭证编号	摘要	借方	贷方	借或贷	余额
月	日						
1	1		上年结转			借	154 000
	8		主营业务收入	100 000		借	254 000
	12		支付材料款		120 000	借	134 000
	17	略	收某单位归还欠款	160 000		借	294 000

续表

××年		凭证编号	摘要	借方	贷方	借或贷	余额
月	日						
	19		还欠材料款		72 000	借	222 000
	21		提取现金备发工资		39 000	借	183 000
	29		主营业务收入	21 800		借	204 800
	31		本期发生额及余额	281 800	231 000	借	204 800

2. 负债、所有者权益类账户的结构

负债、所有者权益类账户，贷方登记权益的增加，借方登记权益的减少，余额一般在贷方，表示权益的实际数额，如图2-5-3所示。

借方	权益科目名称	贷方
本期减少额	期初余额	
	本期增加额	
本期借方发生额	本期贷方发生额	
	期末余额	

图 2-5-3 负债、所有者权益类账户的结构

权益类账户期末余额计算公式：

期末余额（贷方）= 期初余额（贷方）+ 本期贷方发生额 − 本期借方发生额

现以"应付账款"账户为例，说明负债、所有者权益类账户的结构和登记方法如图2-5-4所示。

借方		应付账款	贷方
		期初余额	172 000
①偿还欠款	172 000	①购料欠款	49 600
②偿还欠款	49 600	②购料欠款	81 300
本期借方发生额	221 600	本期贷方发生额	130 900
		期末余额	81 300

图 2-5-4 负债、所有者权益类账户的结构和登记方法

"应付账款"账户的期末余额为贷方余额，其计算过程为：

期末余额 = 172 000 + 130 900 − 221 600 = 81 300（元）

上例用三栏账页格式表示，如表 2-5-3 所示。

表 2-5-3　三栏账页格式

应付账款

××年		凭证编号	摘要	借方	贷方	借或贷	余额
月	日						
1	1		上年结转			贷	172 000
	10		购料欠款		49 600	贷	221 600
	18	略	偿还欠款	172 000		贷	49 600
	22		购料欠款		81 300	贷	130 900
	26		偿还欠款	49 600		贷	81 300
	31		本期发生额及余额	221 600	130 900	贷	81 300

3. 收入类账户的结构

收入类账户的结构与负债、所有者权益类账户基本相同，贷方登记收入的增加额，借方登记收入的减少额和结转额，期末一般没有余额，如图 2-5-5 所示。

借方	收入科目名称	贷方
收入减少额和结转额		收入增加额
本期借方发生额		本期贷方发生额

图 2-5-5　收入类账户的结构

现以"主营业务收入"账户为例，说明收入类账户的结构和登记方法如图 2-5-6 所示。

借方		主营业务收入		贷方
①销售退回	10 000		①销售收入	425 000
②结转本期销售收入	578 000		②销售收入	163 000
本期借方发生额	588 000		本期贷方发生额	588 000

图 2-5-6　收入类账户的结构和登记方法

4. 成本、费用类账户的结构

成本、费用类账户的结构与资产类账户基本相同，借方登记成本费用的增加额，贷方登记成本费用的减少额和结转额，期末一般没有余额，如图 2-5-7 所示。

借方	费用科目名称	贷方
费用增加额	费用减少额和结转额	
本期借方发生额	本期贷方发生额	

图 2-5-7　成本、费用类账户的结构

现以"财务费用"账户为例，说明成本、费用类账户的结构和登记方法如图 2-5-8 所示。

借方	财务费用		贷方
①利息支出	3 900	①利息收入	1 400
②银行手续费	200	②结转本期财务费用	2 700
本期借方发生额	4 100	本期贷方发生额	4 100

图 2-5-8　成本、费用类账户的结构和登记方法

(三) 借贷记账法的运用

1. 确定会计分录

会计分录，简称分录，是对每项经济业务列示出应借、应贷的账户名称及其金额的一种记录。会计分录由应借应贷方向、相互对应的科目及其金额三个要素构成。在会计工作中，会计分录记载于记账凭证中。简而言之，会计分录的格式化就是记账凭证。其格式如下：

借：一级科目——二级科目　　　　　　　　　　　　　　×××
　　贷：一级科目——二级科目　　　　　　　　　　　　×××

会计分录的编制

按所涉及的账户的个数，可将会计分录分为简单会计分录和复合会计分录两种，如表 2-5-4 所示。

表 2-5-4　会计分录的分类

类别	特点	举例	
简单会计分录	一借一贷	借：库存现金 　　贷：银行存款	1 000 1 000
复合会计分录	一借多贷	借：银行存款 　　贷：主营业务收入 　　　　应交税费——应交增值税（销项税额）	11 300 10 000 1 300
	一贷多借	借：制造费用 　　　管理费用 　　贷：库存现金	400 300 700
	多借多贷	一般情况下尽量避免编制"多借多贷"的会计分录	

专题二　会计的核算方法

【案例 2-5-1】盛华公司 2023 年 3 月初，全部账户余额如表 2-5-5 所示。

表 2-5-5　总分类账户期初余额

资产类账户	金额	负债及所有者权益类账户	金额
库存现金	1 000	短期借款	70 000
银行存款	60 000	应付账款	41 000
固定资产	400 000	实收资本	350 000
合　计	461 000	合　计	461 000

3 月发生下列经济业务：

(1) 3 日，购入一台设备，用银行存款 30 000 元支付价款。

(2) 15 日，向银行借入三个月期限借款 50 000 元，存入银行。

(3) 22 日，以银行存款 20 000 元偿还前欠货款。

(4) 26 日，接受投资转入一台设备，价值 80 000 元。

(5) 28 日，从银行提取现金 5 000 元。

(6) 29 日，欠黄河工厂的货款 10 000 元转作对本公司的投入资本。

根据以上资料编制会计分录：

(1) 借：固定资产　　　　　　　　　　　　　　　　　　　　　　30 000
　　　贷：银行存款　　　　　　　　　　　　　　　　　　　　　　　　30 000

(2) 借：银行存款　　　　　　　　　　　　　　　　　　　　　　50 000
　　　贷：短期借款　　　　　　　　　　　　　　　　　　　　　　　　50 000

(3) 借：应付账款　　　　　　　　　　　　　　　　　　　　　　20 000
　　　贷：银行存款　　　　　　　　　　　　　　　　　　　　　　　　20 000

(4) 借：固定资产　　　　　　　　　　　　　　　　　　　　　　80 000
　　　贷：实收资本　　　　　　　　　　　　　　　　　　　　　　　　80 000

(5) 借：库存现金　　　　　　　　　　　　　　　　　　　　　　5 000
　　　贷：银行存款　　　　　　　　　　　　　　　　　　　　　　　　5 000

(6) 借：应付账款　　　　　　　　　　　　　　　　　　　　　　10 000
　　　贷：实收资本　　　　　　　　　　　　　　　　　　　　　　　　10 000

【案例 2-5-2】盛华公司 2023 年 3 月 16 日，购入材料 120 000 元，材料已验收入库，以银行存款支付货款 100 000 元，其余 20 000 元暂欠。

51

借：原材料　　　　　　　　　　　　　　　　　　　　　　　120 000
　　贷：银行存款　　　　　　　　　　　　　　　　　　　　　100 000
　　　　应付账款　　　　　　　　　　　　　　　　　　　　　 20 000

上例复合分录可以分解为两笔简单分录：

借：原材料　　　　　　　　　　　　　　　　　　　　　　　100 000
　　贷：银行存款　　　　　　　　　　　　　　　　　　　　　100 000
借：原材料　　　　　　　　　　　　　　　　　　　　　　　 20 000
　　贷：应付账款　　　　　　　　　　　　　　　　　　　　　 20 000

情境训练

【资料】智科公司2023年3月发生下列经济业务：

(1)7日，用银行存款150 000元购入一台机器设备。

(2)8日，以银行存款10 000元偿还应付账款。

(3)12日，收到新华公司前欠货款20 000元，款项存入银行。

(4)15日，购进原材料80 000元，其中50 000元以银行存款支付，其余30 000元货款尚未支付(不考虑增值税)。

(5)20日，以银行存款48 000元交纳所得税。

(6)23日，销售产品一批，取得收入300 000元，款项已存入银行。

(7)26日，用现金支付办公费800元。

【要求】根据上述资料编制会计分录。

2. 登记账户

将每一项经济业务编制成会计分录，仅仅是确定了该经济业务发生以后应记入的账户、账户方向及金额。会计分录只是分散地反映了经济业务对各账户的影响，要想连续、系统地反映一定会计期间内全部经济业务对各账户的综合影响，还需要将会计分录的数据过入各个有关账户中去。这个记账过程通常称为"过账"。过账以后，一般要在月末进行结账，即结算出各账户的本期发生额合计和期末余额。

账户的登记

情境引例

【案例2-5-3】根据【案例2-5-1】编制的会计分录过入账户，如图2-5-9~图2-5-14所示。

库存现金			
期初余额	1 000		
⑤5 000			
本期借方发生额合计	5 000		
期末余额	6 000		

图 2-5-9 "库存现金"账户

短期借款			
		期初余额	70 000
		②50 000	
		本期贷方发生额合计	50 000
		期末余额	120 000

图 2-5-10 "短期借款"账户

银行存款			
期初余额	60 000	①30 000	
②50 000		③20 000	
		⑤5 000	
本期借方发生额合计 50 000		本期贷方发生额合计 55 000	
期末余额	55 000		

图 2-5-11 "银行存款"账户

应付账款			
		期初余额	41 000
③20 000			
⑥10 000			
本期借方发生额合计 30 000			
		期末余额	11 000

图 2-5-12 "应付账款"账户

固定资产			
期初余额	400 000		
①30 000			
④80 000			
本期借方发生额合计 110 000			
期末余额	510 000		

图 2-5-13 "固定资产"账户

实收资本			
		期初余额	350 000
		④80 000	
		⑥10 000	
		本期借方发生额合计	90 000
		期末余额	440 000

图 2-5-14 "实收资本"账户

3. 试算平衡

试算平衡，是指根据资产和权益的恒等关系以及借贷记账法的记账规则，通过对所有账户的发生额和余额的汇总计算和比较，来检查所有账户记录是否正确的一种方法。试算平衡包括两种方法，即发生额试算平衡和余额试算平衡。

(1)发生额试算平衡。发生额试算平衡是指全部账户本期借方发生额合计与全部账户本期贷方发生额合计保持平衡，即：

全部账户本期借方发生额合计 = 全部账户本期贷方发生额合计

发生额试算平衡的直接依据是借贷记账法的记账规则，即"有借必有贷，借贷必相等"。

(2)余额试算平衡。余额试算平衡是指全部账户借方期末(初)余额合计与全部账户贷方期末(初)余额合计保持平衡，即：

全部账户借方期末（初）余额合计 = 全部账户贷方期末（初）余额合计

余额试算平衡的直接依据是财务状况等式，即：资产＝负债＋所有者权益。

上述三个方面的平衡关系，可以用来检查账户记录的正确性，会计上称为"试算平衡"。如果三方面都保持平衡，说明记账工作基本上是正确的，但不一定完全正确。因为有些错误，如重记、漏记或记错账户等并不影响借贷平衡。

试算平衡通常是通过编制试算平衡表来进行的。

【案例2-5-4】根据【案例2-5-3】资料，编制试算平衡表（见表2-5-6）。

表2-5-6　试算平衡表

账户名称	期初余额		本期发生额		期末余额	
	借方	贷方	借方	贷方	借方	贷方
库存现金	1 000		5 000		6 000	
银行存款	60 000		50 000	55 000	55 000	
固定资产	400 000		110 000		510 000	
短期借款		70 000		50 000		120 000
应付账款		41 000	30 000			11 000
实收资本		350 000		90 000		440 000
合计	461 000	461 000	195 000	195 000	571 000	571 000

学习评价

专题二	学习目标	自评	他评
会计的核算方法	1. 掌握会计的对象、会计基本等式及借贷记账法的概念（40分）		
	2. 能设置账户、编制会计分录、编制试算平衡表（40分）		
	3. 养成规范书写的习惯，对专业学习产生兴趣（20分）		
	合计		

> **素质课堂**

什么是会计法

会计法是由国家制定的，调整在社会经济活动中发生的会计核算、会计监督、会计管理及其他会计关系的法律规范。

会计法有广义和狭义之分。广义的会计法是指由国家权力机关和行政机关制定的调整各种会计关系的规范性文件的总称，包括会计法律、行政法规、行政规章等。狭义的会计法是指由国家最高权力机关通过一定的立法程序颁布施行的会计法律。这里所讲的会计法是指狭义的会计法，即由全国人民代表大会常务委员会依照法定程序制定的，以国家强制力保障其实施的《中华人民共和国会计法》。它的作用在于规范会计行为，加强经济管理，保证以经济活动为内容的会计信息真实、完整，维护社会主义市场经济秩序，促进我国社会经济健康发展。

我国第一部会计法《中华人民共和国会计法》于1985年1月21日，由第六届全国人民代表大会常务委员会第九次会议通过，同年5月1日起施行。为了适应建立社会主义市场经济的要求，1993年12月29日，第八届全国人民代表大会常务委员会第五次会议通过了《关于修改〈中华人民共和国会计法〉的决定》，对会计法作了修改。1999年10月31日，第九届全国人民代表大会常务委员会第十二次会议根据进一步深化经济体制改革对会计工作提出的新的要求，审议通过了重新修订的会计法。2017年11月4日，根据第十二届全国人民代表大会常务委员会第三十次会议《关于修改〈中华人民共和国会计法〉等十一部法律的决定》进行第二次修正。

专题三

记账凭证的填制与审核

通过前面的学习，同学们已经掌握了原始凭证操作的基本技能。取得和填制原始凭证是会计工作程序的第一步，由于原始凭证只表明经济业务的具体内容，它种类繁多、数量庞大、格式不一，不能直接入账，必须将其归类、整理，根据审核无误的原始凭证填制记账凭证，并进行审核，从而保证账簿登记的正确性。

学习目标

知识目标：
1. 了解记账凭证的种类；
2. 掌握记账凭证的填制方法及填制要求；
3. 掌握记账凭证的审核要点和错误凭证的处理方法。

能力目标：
1. 能够根据审核无误的原始凭证编制记账凭证；
2. 能够对记账凭证进行审核。

情感目标：
1. 培养学生诚实守信的品质，使其具有良好的职业操守；
2. 培养学生认真、严谨的态度，细致、专注的工作作风；
3. 培养学生终身学习的理念，建设全民终身学习的学习型社会、学习型大国。

学习情境一　记账凭证的填制

情境导入

在实际工作中，为了便于登记账簿，需要将来自不同单位、种类繁多、数量庞大、格式大小不一的原始凭证加以归类、整理，填制具有统一格式的记账凭证，确定会计分录并将相关的原始凭证附在记账凭证后面。同学们，你知道如何填制记账凭证吗？下面，让我们一起来学习吧！

知识学习

一、记账凭证的概念

记账凭证，又称记账凭单，是指会计人员根据审核无误的原始凭证，按照经济业务的内容加以归类，并据以确定会计分录后填制的会计凭证，作为登记账簿的直接依据。

记账凭证的作用主要是确定会计分录，进行账簿登记，反映经济业务的发生或完成情况，监督企业经济活动，明确相关人员的责任。

与原始凭证相比，记账凭证有两点不同：

①原始凭证是经办人员填制的，而记账凭证是会计人员编制的，是在企业内部填写的。

②原始凭证能证明经济业务已经发生或完成，而记账凭证不具有此项功能。记账凭证是对原始凭证进行处理的第一步。

二、记账凭证的种类

依据不同的标准，记账凭证有不同的分类。

（1）记账凭证按照其记录反映经济业务内容的不同，分为专用记账凭证和通用记账凭证。

专用记账凭证是用来专门记录某一类经济业务的记账凭证。专用记账凭证按其所记录经济业务与现金和银行存款的收付有无关系，又分为收款凭证、付款凭证和转账凭证。

①收款凭证是指用于记录库存现金和银行存款收款业务的记账凭证。收款凭证根据有关库存现金和银行存款收款业务的原始凭证填制，是登记库存现金日记账、银行存款日记账以及有关明细分类账和总分类账等账簿的依据，如图 3-1-1 所示。

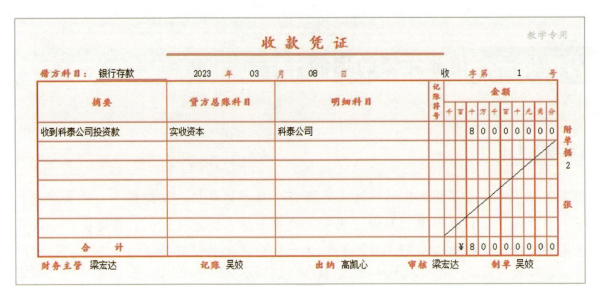

图 3-1-1 收款凭证

②付款凭证是指用于记录库存现金和银行存款付款业务的记账凭证。付款凭证根据有关库存现金和银行存款支付业务的原始凭证填制，是登记库存现金日记账、银行存款日记账以及有关明细分类账和总分类账等账簿的依据，如图 3-1-2 所示。

图 3-1-2 付款凭证

③转账凭证是指用于记录不涉及库存现金和银行存款业务的记账凭证。转账凭证根据有关转账业务的原始凭证填制，是登记有关明细分类账和总分类账等账簿的依据，如图 3-1-3 所示。

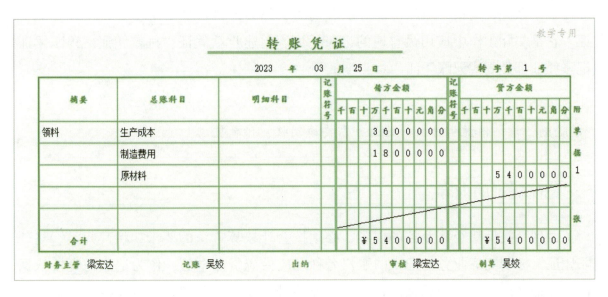

图 3-1-3　转账凭证

通用记账凭证是指格式统一，用来记录所有经济业务的记账凭证。通用记账凭证的格式与转账凭证基本相同。在经济业务比较简单的单位，为了简化凭证，可以使用通用记账凭证，如图 3-1-4 所示。

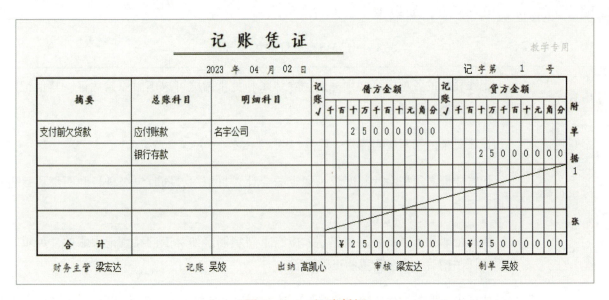

图 3-1-4　记账凭证

专用记账凭证有利于区别不同经济业务，但工作量较大，适用于规模较大、收付款业务较多的单位。对于经济业务比较简单或收付款业务不多的单位，可以使用通用记账凭证。

（2）记账凭证按其填制方式不同，可分为单式记账凭证和复式记账凭证两种。

①单式记账凭证是指只填列一个会计科目的记账凭证。若一笔经济业务涉及多个会计科目，就必须分别填制单式记账凭证。

②复式记账凭证是指一项经济业务所涉及的全部会计科目都集中填列在一张凭证上的记账凭证。它是实际工作中应用最普遍的记账凭证。上述收款凭证、付款凭证、转账凭证以及通用记账凭证都是复式记账凭证。

> **动脑筋**：请举例说明什么样的业务需要填制收、付款凭证？

三、记账凭证的内容

为了做到分类反映经济业务的内容，必须按会计核算方法的要求，将其归类、整理、编制记账凭证，标明经济业务应记入的账户名称及应借应贷的金额，作为记账的直接依据。所以，记账凭证必须具备填制凭证的日期，凭证编号，经济业务摘要，会计科目和金额，所附原始凭证的张数，会计主管、记账、复核、出纳、制单等有关人员签名或盖章。

四、记账凭证的填制要求

填制记账凭证是一项重要的会计工作，为了便于登记账簿，保证账簿记录的正确性，填制记账凭证应符合相应要求，如表 3-1-1 所示。

表 3-1-1　记账凭证的填制要求

内容完整	记账凭证的各项内容必须完整。除结账和更正错账可以不附原始凭证，其他记账凭证必须附原始凭证
书写规范	记账凭证的书写应当清楚、规范
分录正确	记账凭证必须按会计制度统一规定的会计科目填写，同时二级科目和明细科目也要填写齐全
更正规范	填制记账凭证时如果发生错误，应当重新填制。如对于已经登记入账的，可填写红字凭证注销后，再重新填制正确凭证
编号连续	凭证可按业务发生的顺序并按不同种类的记账凭证采用"字号编号法"连续编号，如收字 1 号、现收字 1 号、现付字 1 号、银付字 1 号、转字 1 号，如果一笔业务需要填制两张及以上凭证的，可采用"分数编号法"，如转字 7 1/3、7 2/3、7 3/3
空行注销	填制记账凭证时，应按行次逐行填写，不得跳行，如填制后有空行，应当在金额栏自最后一笔金额数字下的空行至合计数上的空行处划线注销

五、记账凭证的填制方法

(一)收款凭证的填制

收款凭证是根据审核无误的现金和银行存款收款业务的原始凭证填制的。收款凭证左上角的"借方科目",按收款的性质填写"库存现金"或者"银行存款";日期填写的是编制本凭证的日期;右上角填写编制收款凭证顺序号;"摘要栏"简明扼要地填写经济业务的内容;"贷方科目"栏内填写与收入"库存现金"或"银行存款"科目相对应的总账科目及所属明细科目;"金额"栏内填写该项经济业务的发生额;"记账"栏供记账人员在根据收款凭证登记有关账簿后作记号用,表示已经记账,防止经济业务事项的重记或漏记;该凭证右边"附单据 张"根据所附原始凭证的张数填写;凭证最下方有关人员签章处供有关人员在履行了责任后签名或签章,以明确经济责任。

收款凭证的填制

情境引例

【案例3-1-1】盛华公司2023年4月10日从银行借入六个月期贷款800 000元,款项已存入银行。

借:银行存款　　　　　　　　　　　　　　　　　800 000
　　贷:短期借款　　　　　　　　　　　　　　　　800 000

此例填制一张收款凭证,如图3-1-5所示。

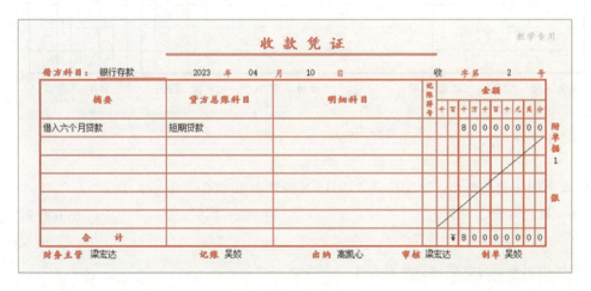

图3-1-5　收款凭证

(二)付款凭证的填制

付款凭证是根据审核无误的现金和银行存款付款业务的原始凭证填制的。付款凭证的左上角"贷方科目"应填列"库存现金"或者"银行存款","借方科目"栏应填写与"库存现金"或"银行存款"科目相对应的总账科目及所属的明细科目。其余各部分的填制方法与收款凭证基本相同。

付款凭证的填制

【案例3-1-2】 盛华公司2023年6月23日以银行存款支付办公费用3 000元。

借:管理费用——办公费　　　　　　　　　　　3 000
　　贷:银行存款　　　　　　　　　　　　　　　　　3 000

此例填制一张付款凭证,如图3-1-6所示。

付款凭证

教学专用

贷方科目:银行存款　　　2023 年 06 月 23 日　　付 字第 2 号

摘要	借方总账科目	明细科目	记账符号	金额(千百十万千百十元角分)	附单据
支付办公费	管理费用	办公费		3 0 0 0 0 0	1张
合　计				¥ 3 0 0 0 0 0	

财务主管 梁宏达　　记账 吴姣　　　出纳 高凯心　　审核 梁宏达　　制单 吴姣

图 3-1-6　付款凭证

【案例3-1-3】 盛华公司2023年7月15日将现金20 000元存入银行。

借:银行存款　　　　　　　　　　　　　　　　20 000
　　贷:库存现金　　　　　　　　　　　　　　　　　20 000

此例填制一张付款凭证,如图3-1-7所示。

专题三 记账凭证的填制与审核

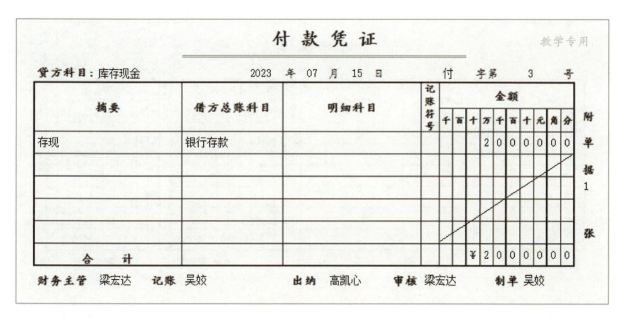

图 3-1-7 付款凭证

温馨提示：对于一笔经济业务既涉及库存现金又涉及银行存款，即将现金存入银行和从银行提取现金的业务，为了避免重复记账，一般只编制付款凭证，不再编制收款凭证。

(三)转账凭证的填制

转账凭证是根据审核无误的不涉及现金和银行存款收付的转账业务的原始凭证填制的。转账凭证中"总账科目"和"明细科目"栏应填写应借、应贷的总账科目和明细科目，借方科目应记金额应在同一行的"借方金额"栏填列，贷方科目应记金额应在同一行的"贷方金额"栏内填列，"合计"行借方总账科目金额合计数与贷方总账金额合计数应相等。

转账凭证的填制

情境引例

【案例 3-1-4】盛华公司 2023 年 8 月 9 日车间领用原材料 2 000 元。

借：制造费用　　　　　　　　　　　　　　　　　　　　　2 000
　　贷：原材料　　　　　　　　　　　　　　　　　　　　2 000

此例填制一张转账凭证，如图 3-1-8 所示。

转账凭证

教学专用

2023 年 08 月 09 日　　　　转字第 2 号

摘要	总账科目	明细科目	记账符号	借方金额（千百十万千百十元角分）	记账符号	贷方金额（千百十万千百十元角分）
领料	制造费用			200000		
	原材料					200000
合计				¥200000		¥200000

附单据 1 张

财务主管 梁宏达　记账 吴姣　出纳　审核 梁宏达　制单 吴姣

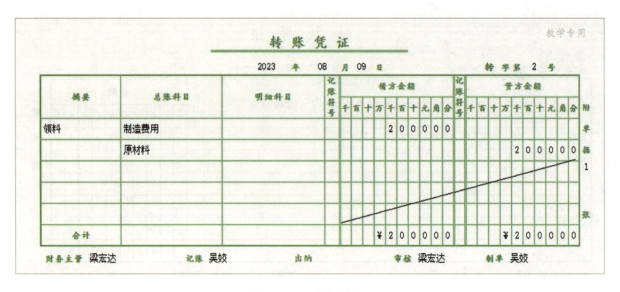

图 3-1-8　转账凭证

(四)通用记账凭证的填制

通用记账凭证是用以记录各种经济业务的凭证。采用通用记账凭证的经济单位，不再根据经济业务的内容分别填制收款凭证、付款凭证和转账凭证。

通用记账凭证的填制

情境引例

【案例 3-1-5】2023 年 9 月 20 日，盛华公司收到新星公司前欠货款 500 000 元。

借：银行存款　　　　500 000

　　贷：应收账款　　　　500 000

此例填制一张记账凭证，如图 3-1-9 所示。

记账凭证

教学专用

2023 年 09 月 20 日　　　　记字第 2 号

摘要	总账科目	明细科目	记账√	借方金额（千百十万千百十元角分）	记账√	贷方金额（千百十万千百十元角分）
收到货款	银行存款			50000000		
	应收账款	新星公司				50000000
合　计				¥50000000		¥50000000

附单据 1 张

财务主管 梁宏达　记账 吴姣　出纳 高凯心　审核 梁宏达　制单 吴姣

图 3-1-9　记账凭证

专题三　记账凭证的填制与审核

情境训练

【资料】智科公司2023年7月发生如下经济业务：

(1)8日，收到三佳公司300 000元的投入资本，款项存入银行。

(2)12日，以银行存款支付广告费40 000元。

(3)16日，以银行存款330 000元购买机器设备，已交付使用。

(4)20日，收回太古公司前欠货款100 000元。

(5)26日，将20 000元现金存入银行。

(6)29日，采购员乔林预借差旅费20 000元。

【要求】根据以上经济业务资料填制相应的收款凭证、付款凭证和转账凭证。

学习情境二　记账凭证的审核

情境导入

为了保证登记账簿的正确性，填制完成的记账凭证必须进行审核，只有经过审核无误的记账凭证才能作为登记账簿的依据。同学们，你知道如何审核记账凭证吗？下面，让我们一起来学习吧！

知识学习

一、记账凭证的审核

为了保证会计信息的质量，在记账凭证编制后，必须由稽核人员严格地审核。记账凭证的审核内容如表3-2-1所示。

表3-2-1　记账凭证的审核内容

内容是否真实	审核记账凭证是否有原始凭证为依据，所附原始凭证的内容是否与记账凭证的内容一致
项目是否齐全	审核记账凭证各项目的填写是否齐全，如日期、凭证编号、摘要、金额、所附原始凭证张数及有关人员签章等

65

续表

科目是否准确	审核记账凭证的应借、应贷科目是否正确,是否有明确的账户对应关系,所使用的会计科目是否符合国家统一会计制度的规定等
金额是否正确	审核记账凭证所记录的金额与原始凭证的有关金额是否一致、计算是否正确
书写是否规范	审核记账凭证中的记录是否文字工整、数字清晰,是否按规定进行更正等
手续是否完备	审核出纳人员在办理收款或付款业务后,是否已在原始凭证上加盖"收讫"和"付讫"的戳记

二、记账凭证的处理

记账凭证经过审核后,如发现错误,应查明原因、及时更正。只有经过审核无误的记账凭证,才能作为登记账簿的依据。

如果在填制记账凭证时发生差错,应当重新填制。已经登记入账的记账凭证,当月结账后在当年内发现填写错误时,可以用红字填写一张与原内容相同的记账凭证,在摘要栏注明"注销×月×日×号凭证"字样,同时再用蓝字重新填制一张正确的记账凭证,在摘要栏注明"订正×月×日×号凭证"字样。如果会计科目没有错误,只是金额错误,也可以按正确数字与错误数字之间的差额,另外填制一张调整的记账凭证,调增金额用蓝字,调减金额用红字。发现以前年度记账凭证有错误的,应当用蓝字填制一张更正的记账凭证。

学习情境三　会计凭证的传递与保管

情境导入

记账凭证是各项经济活动的历史记录,是重要的经济档案,其从编制、办理手续、审核、整理、记账到装订保管的各个环节应合理分工,保障传递程序有效进行。同学们,你知道会计凭证的传递和保管的要求吗?下面,让我们一起来学习吧!

知识学习

一、会计凭证的传递

会计凭证的传递,是指从会计凭证取得或填制起至归档保管过程中,在单位内部有关部门和人员之间的传递程序。

会计凭证的传递具体包括传递程序和传递时间。各单位应根据经济业务特点、内部机构设置、人员分工和管理要求，具体规定各种凭证的传递程序；根据有关部门和经办人员办理业务的情况，确定凭证的传递时间。

二、会计凭证的保管

会计凭证的保管是指会计凭证记账后的整理、装订、归档和存查工作。

会计凭证是记录经济业务、明确经济责任、具有法律效力的证明文件，又是登记账簿的依据，所以，它是重要的经济档案和经济资料。任何企业在完成经济业务手续和记账后，必须按制度进行立卷归档，形成会计档案资料，妥善保管，防止丢失，不得任意销毁，以便日后随时查阅。

> **温馨提示**：出纳人员不得兼管会计档案。

学习情境四　主要经济业务的核算

情境导入

企业的经济业务繁多，包括筹集资金、生产准备、生产、销售、利润形成及分配、资金退出、财产清查等业务，为了全面、连续、系统地核算和监督企业的生产经营过程和结果，必须根据各项经济业务的具体内容和管理上的要求，相应地设置不同账户，并进行账务处理。同学们，你知道企业的主要经济业务有哪些吗？会计人员如何对这些主要的经济业务进行账务处理呢？下面，让我们一起来学习吧！

知识学习

一、筹集资金的核算

企业为了进行正常的生产经营活动，必须拥有一定数量的资金，作为从事生产经营活动的物资基础。企业的资金筹集业务按其资金来源通常分为所有者权益筹资和负债筹资。所有者权益筹资形成所有者的权益,包括投资者的投资及增值,这部分资本的所有者既享有企业的经营收益,也承担企业的经营风险;负债筹资形成债权人的权益,主要包括企业向债权人借入的资金和结算形成的负债资金等,这部分资本的所有者享有按约收回本金和利息的权利。

在资金进入企业过程中发生的主要经济业务包括接受投资者的投资、从金融机构借款及支付利息。

(一)吸收投资业务的核算

投资者初始投入的资金称为实收资本(股份制企业称为股本)。实收资本按照投资主体不同,可分为国家资本金、法人资本金、个人资本金和外商资本金;按照投资的形态不同,可分为货币投资、实物投资和无形资产投资等。

常用账户有"实收资本(或股本)"账户、"资本公积"账户。

1. "实收资本(或股本)"账户(见图3-4-1)

核算内容:核算企业接受投资者投入的实收资本。

账户性质:所有者权益类账户。

账户结构:借方登记所有者投入企业资本金的减少额,贷方登记所有者投入企业资本金的增加额。期末余额在贷方,反映企业期末实收资本(或股本)总额。

明细账设置:本账户可按投资者的不同设置明细账户进行明细核算。

借方	实收资本(或股本)	贷方
所有者投入企业资本金的减少额	所有者投入企业资本金的增加额	
	实收资本(或股本)总额	

图3-4-1 "实收资本(或股本)"账户

2. "资本公积"账户(见图3-4-2)

核算内容:核算企业收到投资者出资额超出其在注册资本(或股本)中所占的份额的部分,以及直接计入所有者权益的利得和损失(如企业接受资产捐赠而形成的利得)等。

账户性质:所有者权益类账户。

账户结构:其借方登记资本公积减少数额,贷方登记资本公积增加数额。期末余额在贷方,反映企业期末资本公积的结余数额。

明细账设置:本账户可按资本公积的来源不同,分别以"资本溢价"(或股本溢价)、"其他资本公积"进行明细核算。

借方	资本公积	贷方
资本公积的减少数额	资本公积的增加数额	
	资本公积的结余数额	

图 3-4-2 "资本公积"账户

情境引例

盛华公司 2023 年 1 月发生下列经济业务：

【案例 3-4-1】1 日，收到华兴公司投入货币资金 200 000 元，存入银行。

借：银行存款　　　　　　　　　　　　　　　　　　　　　　　200 000
　　贷：实收资本——华兴公司　　　　　　　　　　　　　　　　　　200 000

【案例 3-4-2】10 日，收到科泰公司投入的新设备一台，双方协商价格 300 000 元，设备已办理交接验收手续。

借：固定资产　　　　　　　　　　　　　　　　　　　　　　　300 000
　　贷：实收资本——科泰公司　　　　　　　　　　　　　　　　　　300 000

【案例 3-4-3】15 日，收到益新公司投入的专利权，双方协商以 90 000 元作为投入资本入账。

借：无形资产——专利权　　　　　　　　　　　　　　　　　　　90 000
　　贷：实收资本——益新公司　　　　　　　　　　　　　　　　　　90 000

【案例 3-4-4】22 日，公司因发展需要，决定增加注册资本 600 000 元，其中华阳公司认缴 40%的资本，缴款 280 000 元；世纪公司认缴 60%的资本，缴款 420 000 元。款项通过开户银行转入盛华公司的账户。

分析：盛华公司因接受华阳公司和世纪公司的投资而"实收资本"增加，故应贷记"实收资本"账户；但由于华阳公司和世纪公司实际支付的投资款超过注册资本（即产生资本溢价），故超过部分应作为"资本公积"处理。根据上述业务内容编制如下会计分录：

借：银行存款　　　　　　　　　　　　　　　　　　　　　　　700 000
　　贷：实收资本——华阳公司　　　　　　　　　　　　　　　　　　240 000
　　　　　　　　——世纪公司　　　　　　　　　　　　　　　　　　360 000
　　　　资本公积——资本溢价　　　　　　　　　　　　　　　　　　100 000

【案例 3-4-5】30 日，经批准将企业的资本公积 150 000 元转增注册资本。

借：资本公积　　　　　　　　　　　　　　　　　　　　　　　150 000
　　贷：实收资本　　　　　　　　　　　　　　　　　　　　　　　150 000

> **情境训练**

【资料】智科公司2023年2月发生下列经济业务：

(1)8日，收到三佳公司投入货币资金500 000元。

(2)12日，接受华星公司投资转入机器设备一台，价值60 000元。

(3)19日，收到众创公司投入的土地使用权，双方协商以800 000元作为投入资本入账。

(4)21日，经批准，将企业的资本公积50 000元转增注册资本。

(5)28日，公司因发展需要，决定增加注册资本1 000 000元，其中华阳公司认缴30%的资本，缴款320 000元；世纪公司认缴70%的资本，缴款750 000元。款项通过开户银行转入盛华公司的账户。

【要求】根据以上资料，编制记账凭证。

(二)借入资金的核算

企业自有资金不足以满足企业经营运转需要时，可以通过从银行或其他金融机构借款的方式筹集资金，并按借款协议约定的利率支付利息及到期归还借款本金。借款按其借用限期的长短分为长期借款和短期借款。

常用账户有"短期借款"账户、"长期借款"账户、"财务费用"账户。

1."短期借款"账户(见图3-4-3)

核算内容：核算企业向银行或其他金融机构等借入的期限在1年以下(含1年)的各种借款。

账户性质：负债类账户。

账户结构：贷方登记短期借款本金的增加额，借方登记短期借款本金的减少额。期末余额在贷方，反映企业尚未归还的短期借款。

明细账设置：本账户可按借款种类、贷款人和币种明细核算。

借方	短期借款	贷方
到期偿还的借款	借入的各种短期借款	
	尚未偿还的短期借款	

图3-4-3 "短期借款"账户

2."长期借款"账户(见图3-4-4)

核算内容：核算企业向银行或其他金融机构借入的期限在1年以上(不含1年)的各项借款(含本金及计提的借款利息)。

账户性质：负债类账户。

账户结构：贷方登记企业借入长期借款及计提借款利息数额，借方登记归还长期借款本金及利息数额。期末余额在贷方，反映企业尚未偿还的长期借款本金及利息的余额。

明细账设置：可按贷款单位和贷款种类，分别以"本金"和"利息调整"等进行明细核算。

借方	长期借款	贷方
到期偿还的借款本金		借入的各种长期借款本金
		尚未偿还的长期借款

图 3-4-4 "长期借款"账户

3. "财务费用"账户（见图 3-4-5）

核算内容：核算企业为筹集生产经营所需资金等而发生的筹资费用，包括利息支出（减利息收入）、汇兑损益以及相关的手续费、企业发生的现金折扣或收到的现金折扣等。

账户性质：损益类（费用）账户。

账户结构：借方登记企业发生的各项财务费用，贷方登记应冲减财务费用的利息收入及期末转入"本年利润"账户的财务费用。期末结转后，本账户无余额。

明细账设置：本账户可按费用项目进行明细核算。

借方	财务费用	贷方
企业发生的各项财务费用		应冲减财务费用的利息收入及期末转入"本年利润"账户的财务费用

图 3-4-5 "财务费用"账户

> **情境引例**

【案例 3-4-6】2023 年 3 月 1 日，盛华公司因生产经营的临时性需要，从银行借入期限为 3 个月借款 100 000 元，存入银行。

借：银行存款　　　　　　　　　　　　　　　　　　　　　100 000
　　贷：短期借款　　　　　　　　　　　　　　　　　　　　　100 000

【案例 3-4-7】承上例，公司取得借款的年利率为 12%，利息按季度结算，计算并预提本月应负担的利息。

分析：按照权责发生制原则，计算本月应负担的短期借款利息。

100 000×12%÷12＝1 000（元）

借：财务费用　　　　　　　　　　　　　　　　　　　　　　1 000
　　贷：应付利息　　　　　　　　　　　　　　　　　　　　　　1 000

【案例 3-4-8】2023 年 5 月 31 日，盛华公司以银行存款支付短期借款利息 3 000 元（3 月、4 月已经预提了 2 000 元）。

支付短期借款利息，编制如下会计分录：

借：应付利息　　　　　　　　　　　　　　　　　　　　　2 000
　　财务费用　　　　　　　　　　　　　　　　　　　　　1 000
　　贷：银行存款　　　　　　　　　　　　　　　　　　　　　3 000

【案例3-4-9】2023年6月1日，盛华公司以银行存款100 000元偿还到期的银行临时借款。

借：短期借款　　　　　　　　　　　　　　　　　　　　　100 000
　　贷：银行存款　　　　　　　　　　　　　　　　　　　　100 000

【案例3-4-10】2021年3月20日，盛华公司向银行借入期限为2年，年利率为8%的借款1 000 000元，到期一次还本付息。

借：银行存款　　　　　　　　　　　　　　　　　　　　　1 000 000
　　贷：长期借款　　　　　　　　　　　　　　　　　　　　1 000 000

【案例3-4-11】2023年3月20日，用银行存款偿还长期借款本金1 000 000元。

借：长期借款　　　　　　　　　　　　　　　　　　　　　1 000 000
　　贷：银行存款　　　　　　　　　　　　　　　　　　　　1 000 000

情境训练

【资料一】2023年5月1日，智科公司从银行借入期限为6个月的短期借款200 000元，年利率为6%，每季度付息一次。

【要求】根据以上资料，编制借入短期借款、每月预提利息、每季度支付利息、归还本金的记账凭证。

【资料二】2023年6月2日，智科公司从银行借入期限为2年的借款1 000 000元，年利率为8%，到期一次还本付息。

【要求】根据以上资料，编制借款及偿还借款的记账凭证。

二、供应过程的核算

供应过程是企业生产经营过程中的第一阶段，主要任务是采购生产所需要的物资，为生产储备各种材料物资。供应过程核算的主要内容有采购材料、价款结算、支付采购费用、确认材料的采购成本、材料验收入库。

材料采购不仅要保证生产的需要，同时还要力求降低采购成本，采用一定的成本计算方法，计算各种购入材料的总成本和单位成本。材料的采购成本包括：

①买价：指购货发票所开列的货款金额。

②运杂费：包括运输费、装卸费、包装费、保险费、仓储费等。

③运输途中的合理损耗：指企业与供应或运输部门所签订的合同中规定的合理损耗或必要的自然损耗。

④入库前的挑选整理费用：是指购入的材料在入库前需要挑选整理而发生的费用，包括挑选过程中所发生的工资、费用支出和必要的损耗，但要扣除下脚料及残料的价值。

⑤购入材料负担的税金和其他费用。

常用账户有"原材料"账户、"在途物资"账户、"应交税费"账户、"应付账款"账户、"应付票据"账户、"预付账款"账户。

1. "原材料"账户（见图 3-4-6）

核算内容：用来核算企业库存材料的各种材料成本，包括原料及主要材料、辅助材料、外购半成品、修理用备件、包装材料、燃料等成本。

账户性质：资产类账户。

账户结构：借方登记验收入库材料的成本，贷方登记发出材料的成本。期末余额在借方，反映企业库存材料的成本。

明细账设置：本账户可按照材料的类别、品种和规格等进行明细核算。

借方	原材料	贷方
验收入库材料的成本	发出材料的成本	
库存材料的成本		

图 3-4-6 "原材料"账户

2. "在途物资"账户（见图 3-4-7）

核算内容：核算已经支付款项而尚未运到企业或虽已运达企业但尚未验收入库的在途材料的实际成本。

账户性质：资产类账户。

账户结构：借方登记新增的在途材料成本，贷方登记已验收入库材料应结转的实际成本。期末余额在借方，反映尚未到达或尚未验收入库的在途材料的实际采购成本。

明细账设置：本账户可按供应单位和物资品种进行明细核算。

借方	在途物资	贷方
企业购入尚在途中或虽已运达但尚未验收入库的购入材料的采购成本	验收入库材料应结转的实际成本	
尚未到达或尚未验收入库的在途材料的实际采购成本		

图 3-4-7 "在途物资"账户

3. "应交税费"账户（见图3-4-8）

核算内容：核算企业按照税法规定计算应交纳的各种税费。

账户性质：负债类账户。

账户结构：贷方登记已计算出应交纳的税金数，借方登记实际交纳的税金数。期末余额在贷方，反映企业应交但尚未交纳的税费；期末余额在借方，反映企业多交或尚未抵扣的税金。

明细账设置：本账户应当按照应交税费的税种进行明细核算。本专题涉及"应交税费——应交增值税"账户。

借方	应交税费——应交增值税	贷方
采购材料时向供应单位支付的进项税额和实际交纳的增值税		企业销售产品时向购货单位收取的销项税额
多交或尚未抵扣的税金		应交但尚未交纳的税费

图3-4-8 "应交税费"账户

4. "应付账款"账户（见图3-4-9）

核算内容：核算企业因购买材料、商品和接受劳务供应等经营活动应支付的款项。

账户性质：负债类账户。

账户结构：贷方登记企业因购入材料、商品和接受劳务等尚未支付的款项，借方登记偿还的应付账款。期末余额在贷方，反映尚未偿还的货款数额。

明细账设置：本账户应当按照不同的债权人进行明细核算。

借方	应付账款	贷方
偿还的款项		因购入材料、商品和接受劳务等尚未支付的款项
		尚未偿还的款项

图3-4-9 "应付账款"账户

5. "应付票据"账户（见图3-4-10）

核算内容：核算企业购买材料、商品和接受劳务供应等而开出、承兑的商业汇票，包括银行承兑汇票和商业承兑汇票。

账户性质：负债类账户。

账户结构：贷方登记开出、承兑商业汇票的金额，借方登记企业已经支付或者到期无力支付的商业票据金额。期末余额在贷方，反映企业尚未到期的商业汇票的票面金额。

明细账设置：本账户可按债权人进行明细核算。

借方	应付票据	贷方
已经支付或者到期无力支付的商业票据的金额		开出、承兑的商业汇票的金额
		尚未到期的商业汇票的票面金额

图 3-4-10　"应付票据"账户

6. "预付账款"账户（见图 3-4-11）

核算内容：核算企业按照合同规定预付的款项。预付款项情况不多的，也可以不设置该账户，将预付的款项直接记入"应付账款"账户。

账户性质：资产类账户。

账户结构：借方登记企业因购货等业务预付的款项，贷方登记企业收到货物后应支付的款项。期末余额在借方，反映企业预付的款项；期末余额在贷方，反映企业尚需补付的款项。

明细账设置：本账户可按供应单位进行明细核算。

借方	预付账款	贷方
预付货款的增加		冲销预付供应商的货款
企业预付的款项		尚需补付的款项

图 3-4-11　"预付账款"账户

情境引例

盛华公司 2023 年 5 月发生下列经济业务：

【案例 3-4-12】 1 日，从天宇公司购入甲材料，买价 50 000 元，增值税税率为 13%，款项用银行存款支付，材料已验收入库。

借：原材料——甲材料　　　　　　　　　　　　　　　　　　　　50 000
　　应交税费——应交增值税（进项税额）　　　　　　　　　　　　 6 500
　　贷：银行存款　　　　　　　　　　　　　　　　　　　　　　　56 500

【案例 3-4-13】 6 日，从新世纪公司购入丙材料一批，货款 50 000 元，增值税税率为 13%，材料已验收入库，款项暂未支付。

借：原材料——丙材料　　　　　　　　　　　　　　　　　　　　50 000
　　应交税费——应交增值税（进项税额）　　　　　　　　　　　　 6 500
　　贷：应付账款——新世纪公司　　　　　　　　　　　　　　　　56 500

【案例 3-4-14】 12 日，从新华公司购入乙材料 4 000 千克，买价 40 000 元，购入丙材料 2 000 千克，买价 5 000 元，增值税税率为 13%，开出一张商业承兑汇票支付，材料未验收入库。

借：在途物资——乙材料　　　　　　　　　　　　　　　　　　40 000
　　　　　　——丙材料　　　　　　　　　　　　　　　　　　 5 000
　　应交税费——应交增值税(进项税额)　　　　　　　　　　　 5 850
　　贷：应付票据——新华公司　　　　　　　　　　　　　　　50 850

【案例3-4-15】13日，从大华公司购入甲材料，买价10 000元，增值税税率为13%，款项用银行存款支付，材料已验收入库。

借：原材料——甲材料　　　　　　　　　　　　　　　　　　10 000
　　应交税费——应交增值税(进项税额)　　　　　　　　　　　 1 300
　　贷：银行存款　　　　　　　　　　　　　　　　　　　　　11 300

【案例3-4-16】20日，以银行存款支付前欠新世纪公司购料款56 500元。

借：应付账款——新世纪公司　　　　　　　　　　　　　　　56 500
　　贷：银行存款　　　　　　　　　　　　　　　　　　　　　56 500

假设盛华公司开出银行承兑汇票偿付所欠的货款，则会计分录如下：

借：应付账款——新世纪公司　　　　　　　　　　　　　　　56 500
　　贷：应付票据——新世纪公司　　　　　　　　　　　　　　56 500

待票据到期，根据银行的付款通知再做还款分录如下：

借：应付票据——新世纪公司　　　　　　　　　　　　　　　56 500
　　贷：银行存款　　　　　　　　　　　　　　　　　　　　　56 500

【案例3-4-17】23日，向新华公司购入的乙、丙材料运至企业，并验收入库，用银行存款支付运杂费4 800元。

分析：由于材料采购需按品种进行明细核算，因此对于乙、丙材料共同负担的采购费用需采用一定的标准进行分配后，分别计入乙、丙材料的采购成本，一般采用材料物资的重量和买价作为分配标准，则：

运杂费分配率=4 800÷(4 000+2 000)=0.8(元/千克)
乙材料负担的运杂费=4 000×0.8=3 200(元)
丙材料负担的运杂费=2 000×0.8=1 600(元)

借：在途物资——乙材料　　　　　　　　　　　　　　　　　　 3 200
　　　　　　——丙材料　　　　　　　　　　　　　　　　　　 1 600
　　贷：银行存款　　　　　　　　　　　　　　　　　　　　　 4 800

验收入库：

借：原材料——乙材料　　　　　　　　　　　　　　　　　　 43 200
　　　　　——丙材料　　　　　　　　　　　　　　　　　　　6 600

贷：在途物资——乙材料　　　　　　　　　　　　　　　　　43 200
　　　　　　　　——丙材料　　　　　　　　　　　　　　　　　 6 600

> **温馨提示**：购入的材料全部验收入库并结转后，"在途物资"账户余额应为零。

【案例3-4-18】21日，以银行存款向美达公司预付甲材料货款6 000元。
　　借：预付账款——美达公司　　　　　　　　　　　　　　　　6 000
　　　　贷：银行存款　　　　　　　　　　　　　　　　　　　　　6 000

【案例3-4-19】25日，收到美达公司运来的甲材料，货款20 000元，增值税税率为13%，材料已验收入库，不足款项以银行存款支付。

原材料验收入库，编制会计分录如下：
　　借：原材料——乙材料　　　　　　　　　　　　　　　　　　20 000
　　　　应交税费——应交增值税(进项税额)　　　　　　　　　　 2 600
　　　　贷：预付账款——美达公司　　　　　　　　　　　　　　22 600
补付货款，编制会计分录如下：
　　借：预付账款——美达公司　　　　　　　　　　　　　　　　16 600
　　　　贷：银行存款　　　　　　　　　　　　　　　　　　　　16 600

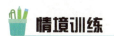

【资料】 智科公司2023年6月发生下列经济业务：

(1)3日，向新东方公司购入A材料50 000元，增值税税率为13%，货款已经支付，材料尚未验收入库。

(2)10日，用银行存款支付上述采购业务的运杂费500元。

(3)14日，上述A材料到达企业并验收入库。

(4)18日，向科能公司购入B材料50 000元，增值税税率为13%，另科能公司代垫运杂费500元，上述款项尚未支付，材料已验收入库。

(5)20日，按照合同规定，用银行存款预付给天华公司C材料货款50 000元。

(6)25日，用银行存款支付前欠科能公司货款57 000元。

(7)28日，向天华公司购入的70 000元C材料到达企业，增值税税率为13%，材料已验收入库，其他货款用银行存款支付。

【要求】根据以上资料，编制记账凭证。

三、生产过程的核算

企业产品的生产过程同时也是生产资料的耗费过程，是指企业从材料投入生产到产品完工验收入库的过程，是企业生产经营过程的中心环节。生产过程核算的主要内容有材料的领用、职工薪酬的计算与支付、固定资产的折旧等其他费用的核算、制造费用的归集和分配、产品成本的计算、完工产品成本的计算与入库等。

常用账户有"生产成本"账户、"制造费用"账户、"管理费用"账户、"库存商品"账户、"应付职工薪酬"账户、"其他应收款"账户、"累计折旧"账户。

1."生产成本"账户（见图3-4-12）

核算内容：核算企业生产各种产品（产成品、自制半成品）、自制材料、自制工具、自制设备等发生的各项生产成本。

账户性质：成本类账户。

账户结构：借方登记应计入产品生产成本的各项费用，包括直接计入产品生产成本的直接材料费、直接人工费和其他直接支出，以及期末按照一定的方法分配计入产品生产成本的制造费用，贷方登记完工入库产成品应结转的生产成本。期末余额在借方，反映企业期末尚未加工完成的在产品成本。

明细账设置：本账户可按产品的种类进行明细核算。

借方	生产成本	贷方
生产产品直接耗用的材料费和直接人工费；月末转入的制造费用	月末转出的完工入库产成品应结转的生产成本	
尚未完工的在产品成本		

图3-4-12 "生产成本"账户

2."制造费用"账户（见图3-4-13）

核算内容：核算企业生产车间为生产产品和提供劳务而发生的各项间接费用。

账户性质：成本类账户。

账户结构：借方登记实际发生的各项制造费用，贷方登记期末按照一定标准分配转入"生产成本"账户的费用。借方的应计入产品成本的制造费用，期末结转后一般无余额。

明细账设置：本账户可按不同的生产车间、部门进行明细核算。

借方	制造费用	贷方
车间发生的各项间接费用	期末分配转入"生产成本"账户的费用	

图3-4-13 "制造费用"账户

3. "管理费用"账户（见图3-4-14）

核算内容：管理费用的核算是指对企业行政管理部门为组织和管理生产经营活动而发生的管理费用的核算。管理费用包括工资、福利费、折旧费、工会经费、业务招待费、房产税、车船使用税、土地使用税、印花税、技术转让费、无形资产摊销、职工教育经费、劳动保险费、待业保险费、研究开发费、坏账损失等。

账户性质：成本类账户。

账户结构：借方登记企业实际发生的各项管理费用，贷方登记期末结转至"本年利润"账户的费用。期末结转后一般无余额。

明细账设置：本账户可按不同的生产车间、部门进行明细核算。

借方	管理费用	贷方
企业实际发生的各项管理费用	期末转入"本年利润"账户的费用	

图3-4-14 "管理费用"账户

4. "库存商品"账户（见图3-4-15）

核算内容：核算企业库存的各种商品的实际成本，包括库存产成品、外购商品、存放在门市部准备出售的商品、发出展览的商品以及寄存在外的商品等。

账户性质：资产类账户。

账户结构：借方登记验收入库的库存商品成本，贷方登记发出库存商品的成本。期末余额在借方，反映企业库存商品的实际成本。

明细账设置：本账户可按库存商品的种类、品种和规格等进行明细核算。

借方	库存商品	贷方
验收入库的库存商品成本	发出库存商品的成本	
库存商品的成本		

图3-4-15 "库存商品"账户

5. "应付职工薪酬"账户（见图3-4-16）

核算内容：用来核算企业根据有关规定应付给职工的各种薪酬。

账户性质：负债类账户。

账户结构：借方登记实际支付的职工薪酬，贷方登记企业应付给职工的薪酬总额，包括各种工资、奖金、津贴和福利费等。期末余额在贷方，反映企业应付未付的职工薪酬。

明细账设置：本账户可按照工资、福利费等进行明细核算。

借方	应付职工薪酬	贷方
实际支付的职工薪酬	企业应付给职工的各种薪酬	
	尚未支付的应付职工薪酬	

图 3-4-16 "应付职工薪酬"账户

6. "其他应收款"账户（见图 3-4-17）

核算内容：用来核算企业除应收票据、应收账款、预付账款、应收股利和应收利息以外的其他各种应收及暂付款项。其主要内容包括应收的各种赔款、罚款，如因企业财产等遭受意外损失而向有关保险公司收取的赔款等；应收的出租包装物租金；应向职工收取的各种垫付款项，如为职工垫付的水电费、应由职工负担的医药费；存出保证金，如租入包装物支付的押金；其他各种应收、暂付款项。

账户性质：资产类账户。

账户结构：借方登记企业发生其他各种应收、暂付款项，贷方登记收回或转销的各种款项。期末余额在借方，反映尚未收回的其他各种应收、暂付款项。

明细账设置：本账户可按照其他应收款项的项目进行明细核算。

借方	其他应收款	贷方
企业发生其他各种应收、暂付款项	收回或转销的各种款项	
尚未收回的其他各种应收、暂付款项		

图 3-4-17 "其他应收款"账户

7. "累计折旧"账户（见图 3-4-18）

核算内容：核算企业固定资产的累计折旧。

账户性质：资产类账户。

账户结构：贷方登记计提的固定资产折旧数，借方登记固定资产减少时冲销的折旧数。期末余额在贷方，反映现有固定资产的累计折旧数。

明细账设置：本账户应按固定资产的类别或项目进行明细核算。

借方	累计折旧	贷方
固定资产减少时冲销的折旧数	计提的折旧数	
	现有固定资产的累计折旧数	

图 3-4-18 "累计折旧"账户

情境引例

盛华公司2023年5月发生下列经济业务:

【案例3-4-20】 2日,购买办公用品,用现金支付,其中生产车间100元,管理部门300元。

借:制造费用　　　　　　　　　　　　　　　　　　　　　　　100
　　管理费用　　　　　　　　　　　　　　　　　　　　　　　300
　　贷:库存现金　　　　　　　　　　　　　　　　　　　　　　　400

【案例3-4-21】 4日,从银行提取现金50 000元,备发工资。

借:库存现金　　　　　　　　　　　　　　　　　　　　　　50 000
　　贷:银行存款　　　　　　　　　　　　　　　　　　　　　　50 000

【案例3-4-22】 4日,用现金50 000元发放上月职工工资。

借:应付职工薪酬——工资　　　　　　　　　　　　　　　　50 000
　　贷:库存现金　　　　　　　　　　　　　　　　　　　　　　50 000

【案例3-4-23】 10日,采购员王强出差,预借差旅费500元,用现金支付。

借:其他应收款——王强　　　　　　　　　　　　　　　　　　500
　　贷:库存现金　　　　　　　　　　　　　　　　　　　　　　　500

【案例3-4-24】 9日,用银行存款支付明年的杂志费3 000元。

借:预付账款　　　　　　　　　　　　　　　　　　　　　　3 000
　　贷:银行存款　　　　　　　　　　　　　　　　　　　　　　3 000

【案例3-4-25】 14日,王强出差回来,报销差旅费465元,退回现金35元。

借:管理费用　　　　　　　　　　　　　　　　　　　　　　　465
　　库存现金　　　　　　　　　　　　　　　　　　　　　　　　35
　　贷:其他应收款——王强　　　　　　　　　　　　　　　　　　500

【案例3-4-26】 月末,根据当月领料凭证,编制本月领料凭证汇总表(见表3-4-1)。

表3-4-1　领料凭证汇总表　　　　　　　　　　　　　　　单位:元

材料种类	材料用途				金额合计
	A产品	B产品	车间耗用	管理部门	
甲材料	40 000	5 000			45 000
乙材料		18 000			18 000
丙材料			3 000	1 000	4 000
丁材料	11 000	3 000			14 000
	51 000	26 000	3 000	1 000	81 000

借：生产成本——A产品	51 000
——B产品	26 000
制造费用	3 000
管理费用	1 000
贷：原材料——甲材料	45 000
——乙材料	18 000
——丙材料	4 000
——丁材料	14 000

【案例3-4-27】31日，计算并结转当期应付给职工的薪酬为50 000元，其中生产A产品人员薪酬20 000元，生产B产品人员薪酬15 000元，车间管理人员薪酬5 000元，行政管理人员工资10 000元。

借：生产成本——A产品	20 000
——B产品	15 000
制造费用	5 000
管理费用	10 000
贷：应付职工薪酬——工资	50 000

【案例3-4-28】承上例，按工资的14%计提职工福利费。

借：生产成本——A产品	2 800
——B产品	2 100
制造费用	700
管理费用	1 400
贷：应付职工薪酬——福利费	7 000

【案例3-4-29】31日，计提当月车间固定资产的折旧4 300元，企业管理部门折旧2 200元，共计6 500元。

借：制造费用	4 300
管理费用	2 200
贷：累计折旧	6 500

【案例3-4-30】31日，预提本月短期借款利息2 100元。

借：财务费用	2 100
贷：应付利息	2 100

【案例3-4-31】31日，用银行存款支付本月水电费25 000元，其中生产车间21 000元，管理部门4 000元。

借：制造费用	21 000

　　　　管理费用　　　　　　　　　　　　　　　　　　　　　　　　　4 000
　　　贷：银行存款　　　　　　　　　　　　　　　　　　　　　　　　　　25 000

【案例3-4-32】 31日，盛华公司计算当月累计发生的制造费用(由A产品和B产品共同承担)共计34 100元，按产品生产工时进行分摊，A产品应承担6 217工时，B产品3 783工时。

分析：根据【案例3-4-20】至【案例3-4-31】本月发生的制造费用合计：
100+3 000+5 000+700+4 300+21 000=34 100(元)

$$制造费用分配率=\frac{制造费用总额}{各种产品生产工时(或生产工人工资比例)之和}$$
$$=34\ 100÷(6\ 217+3\ 783)=3.41$$

A产品分摊的制造费用 = 3.41×6 217 = 21 200(元)
B产品分摊的制造费用 = 3.41×3 783 = 12 900(元)
　　借：生产成本——A产品　　　　　　　　　　　　　　　　　　　　　21 200
　　　　　　　　——B产品　　　　　　　　　　　　　　　　　　　　　12 900
　　　贷：制造费用　　　　　　　　　　　　　　　　　　　　　　　　　34 100

【案例3-4-33】 31日，A、B产品全部完工，验收入库并结转生产成本。

分析：根据【案例3-4-26】至【案例3-4-32】金额：
A产品的生产成本合计：51 000+20 000+2 800+21 200=95 000(元)
B产品的生产成本合计：26 000+15 000+2 100+12 900=56 000(元)
　　借：库存商品——A产品　　　　　　　　　　　　　　　　　　　　　95 000
　　　　　　　　——B产品　　　　　　　　　　　　　　　　　　　　　56 000
　　　贷：生产成本——A产品　　　　　　　　　　　　　　　　　　　　95 000
　　　　　　　　　——B产品　　　　　　　　　　　　　　　　　　　　56 000

情境训练

【资料】智科公司2023年6月发生下列经济业务：

(1)2日，生产01#产品领用甲材料15 150元，生产02#产品领用甲材料5 050元，车间一般耗用甲材料5 050元。

(2)8日，公司职工李红出差预借差旅费1 000元，用现金支付。

(3)12日，李红出差归来，报销差旅费800元，余款用现金退回。

(4)15日，从银行提取现金110 000元，发放5月份工资。

(5)20日，用银行存款支付水电费8 000元。其中车间水电费6 000元，公司水电费2 000元。

(6)30日，计算分配本月应付职工工资。其中，01#产品生产工人工资60 000元；02#产品生产工人工资30 000元；车间管理人员工资10 000元；厂部行政管理人员工资20 000元。

（7）30日，按本月工资总额的14%提取职工福利费。

（8）30日，计提本月固定资产折旧10 000元。其中，生产车间提取7 000元，行政管理部门提取3 000元。

（9）30日，分配结转本月发生的制造费用，分配标准按本月生产两产品的生产工人的工资比例。

（10）30日，01#、02#产品全部完工，验收入库并结转生产成本。

【要求】根据以上资料，编制记账凭证。

四、销售过程的核算

销售过程是企业生产经营过程的最后阶段，主要任务是通过产品销售最终实现收入，从而实现企业的生产经营目标。销售过程核算的主要内容有销售收入确认、价款结算、结转销售成本、支付相关费用和计算缴纳销售税金等。企业在销售产品的过程中，还会发生其他的相关费用，如运杂费、广告费、包装费、销售机构的办公费等。此外，企业除产品销售业务外，还会发生材料、包装物销售等其他销售业务，这些也列为销售过程的核算。

常用账户有"主营业务收入"账户、"其他业务收入"账户、"主营业务成本"账户、"其他业务成本"账户、"税金及附加"账户、"销售费用"账户。

1. "主营业务收入"账户（见图3-4-19）

核算内容：核算企业确认的销售商品、提供劳务等主营业务的收入。

账户性质：损益类（收入）账户。

账户结构：贷方登记企业实现的主营业务收入，借方登记期末转入"本年利润"账户的主营业务收入数以及发生销售退回和销售折让时应冲减本期的主营业务收入。期末结转后，本账户无余额。

明细账设置：本账户可按主营业务的种类进行明细核算。

借方	主营业务收入	贷方
期末转入"本年利润"账户的主营业务收入数以及发生销售退回和销售折让时应冲减本期的主营业务收入	企业实现的主营业务收入	

图3-4-19 "主营业务收入"账户

2. "其他业务收入"账户（见图3-4-20）

核算内容：核算企业确认的除主营业务活动以外的其他经营活动实现的收入，包括出租固定资产、出租无形资产、出租包装物和商品、销售材料等。

账户性质：损益类（收入）账户。

账户结构：贷方登记企业实现的其他业务收入，借方登记期末转入"本年利润"账户的其他业务收入。期末结转后，本账户无余额。

明细账设置：本账户可按其他业务的种类进行明细核算。

借方	其他业务收入	贷方
期末转入"本年利润"账户的其他业务收入	实现的其他业务收入	

图 3-4-20 "其他业务收入"账户

3. "主营业务成本"账户（见图 3-4-21）

核算内容：核算企业确认销售商品、提供劳务等主营业务收入时应结转的成本。

账户性质：损益类（费用）账户。

账户结构：借方登记已销售商品的成本，贷方登记期末转入"本年利润"账户的数额。期末结转后，本账户无余额。

明细账设置：本账户可按主营业务的种类进行明细核算。

借方	主营业务成本	贷方
计算应结转的主营业务成本	期末转入"本年利润"账户的主营业务成本	

图 3-4-21 "主营业务成本"账户

4. "其他业务成本"账户（见图 3-4-22）

核算内容：核算企业确认的除主营业务活动以外的其他经营活动所发生的支出，包括销售材料的成本、出租固定资产的折旧额、出租无形资产的摊销额、出租包装物的成本或摊销额等。

账户性质：损益类（费用）账户。

账户结构：借方登记其他业务成本的支出额，贷方登记期末转入"本年利润"账户的其他业务支出额。期末结转后，本账户无余额。

明细账设置：本账户可按照其他业务的种类进行明细核算。

借方	其他业务成本	贷方
发生的其他业务支出	期末转入"本年利润"账户的其他业务支出	

图 3-4-22 "其他业务成本"账户

5. "税金及附加"账户（见图 3-4-23）

核算内容：核算企业经营活动发生的消费税、城市维护建设税、资源税和教育费附加等相关税费。

核算性质：损益类（费用）账户。

账户结构：借方登记企业按规定计算确定与经营活动相关的税费，贷方登记期末转入"本年利润"账户的税金及附加。期末结转后，本账户无余额。

借方	税金及附加	贷方
企业按规定计算确定与经营活动相关的税费	期末转入"本年利润"账户的税金及附加	

图 3-4-23 "税金及附加"账户

> **温馨提示**：房产税、车船税、土地使用税、印花税在"管理费用"账户核算，但与投资性房地产相关的房产税、土地使用税在"税金及附加"账户中核算。

6. "销售费用"账户（见图 3-4-24）

核算内容：核算企业发生的各项销售费用。

账户性质：损益类（费用）账户。

账户结构：借方登记企业发生的各项销售费用，贷方登记期末转入"本年利润"账户的销售费用。期末结转后，本账户无余额。

明细账设置：本账户可按费用项目进行明细核算。

借方	销售费用	贷方
企业发生的各项销售费用	期末转入"本年利润"账户的销售费用	

图 3-4-24 "销售费用"账户

专题三　记账凭证的填制与审核

知识拓展

销售费用核算的项目有：销售商品和材料、提供劳务的过程中发生的各种费用，包括保险费、包装费、展览费和广告费、商品维修费、预计产品质量保证损失、运输费、装卸费等，为销售本企业商品而专设的销售机构(含销售网点、售后服务网点等)的职工薪酬、业务费、折旧费，以及企业发生的与专设销售机构相关的固定资产修理费用等后续支出。

情境引例

盛华公司2023年5月发生下列经济业务：

【案例3-4-34】 3日，出售A产品一批给和平公司，货款300 000元，增值税税率为13%，款项存入银行。

　　借：银行存款　　　　　　　　　　　　　　　　　　　　　　　339 000
　　　　贷：主营业务收入——A产品　　　　　　　　　　　　　　　　300 000
　　　　　　应交税费——应交增值税(销项税额)　　　　　　　　　　 39 000

【案例3-4-35】 6日，销售给文泰公司B产品一批，货款50 000元，增值税税率为13%，款项暂未收到。

　　借：应收账款——文泰公司　　　　　　　　　　　　　　　　　　 56 500
　　　　贷：主营业务收入——B产品　　　　　　　　　　　　　　　　 50 000
　　　　　　应交税费——应交增值税(销项税额)　　　　　　　　　　　6 500

【案例3-4-36】 12日，用银行存款支付产品销售广告费4 000元。

　　借：销售费用——广告费　　　　　　　　　　　　　　　　　　　　4 000
　　　　贷：银行存款　　　　　　　　　　　　　　　　　　　　　　　4 000

【案例3-4-37】 17日，销售给明华公司一批甲材料，售价20 000元，增值税税率为13%，款项存入银行。

　　借：银行存款　　　　　　　　　　　　　　　　　　　　　　　　 22 600
　　　　贷：其他业务收入——甲材料　　　　　　　　　　　　　　　　20 000
　　　　　　应交税费——应交增值税(销项税额)　　　　　　　　　　　2 600

温馨提示：主营业务和其他业务的划分是相对的，一个企业的主营业务可能是另一个企业的其他业务。就算在同一个企业，不同时期的主营业务和其他业务也不是固定不变的。

【案例3-4-38】 18日，收到文泰公司偿还的前欠B产品货款56 500元，款项存入银行。

　　借：银行存款　　　　　　　　　　　　　　　　　　　　　　　　 56 500

　　　　贷：应收账款——文泰公司　　　　　　　　　　　　　　　　　　　　　56 500

【案例3-4-39】 20日，销售给天一公司A产品80 000元，B产品20 000元，增值税税率为13%，款项存入银行。

　　借：银行存款　　　　　　　　　　　　　　　　　　　　　　　　　　113 000
　　　　贷：主营业务收入——A产品　　　　　　　　　　　　　　　　　　　80 000
　　　　　　　　　　　　——B产品　　　　　　　　　　　　　　　　　　　20 000
　　　　　　应交税费——应交增值税(销项税额)　　　　　　　　　　　　　　13 000

【案例3-4-40】 31日，结转本月销售A产品的生产成本280 000元，销售B产品的生产成本45 000元。

　　借：主营业务成本——A产品　　　　　　　　　　　　　　　　　　　　280 000
　　　　　　　　　　　——B产品　　　　　　　　　　　　　　　　　　　　 45 000
　　　　贷：库存商品——A产品　　　　　　　　　　　　　　　　　　　　　280 000
　　　　　　　　　　——B产品　　　　　　　　　　　　　　　　　　　　　 45 000

【案例3-4-41】 31日，结转本月销售甲材料的成本10 000元。

　　借：其他业务成本——甲材料　　　　　　　　　　　　　　　　　　　　 10 000
　　　　贷：原材料——甲材料　　　　　　　　　　　　　　　　　　　　　　10 000

【案例3-4-42】 31日，计算本月销售应交增值税，同时计算本月应交纳的城市维护建设税(适用税率为7%)和教育费附加(适用税率为3%)。

分析：按现行税法规定，应交增值税=当期销项税额-当期进项税额。根据前例，盛华公司本月产品销项税额为61 100元(即：【案例3-4-34】39 000+【案例3-4-35】6 500+【案例3-4-37】2 600+【案例3-4-39】13 000)；进项税额为22 750元(即：【案例3-4-12】6 500+【案例3-4-13】6 500+【案例3-4-14】5 850+【案例3-4-15】1 300+【案例3-4-19】2 600)。因此本月应交增值税为38 350元(61 100-22 750)，据此计算应交城市维护建设税和教育费附加如下：

应交城市维护建设税=38 350×7%=2 684.5(元)

应交教育费附加=38 350×3%=1 150.5(元)

　　借：税金及附加　　　　　　　　　　　　　　　　　　　　　　　　　　　3 835
　　　　贷：应交税费——应交城市维护建设税　　　　　　　　　　　　　　　2 684.5
　　　　　　　　　　——应交教育费附加　　　　　　　　　　　　　　　　　1 150.5

【资料】智科公司2023年6月发生下列经济业务：

(1)15日，销售01#产品1 000件，单价300元，增值税税率为13%，收到购货单位星火公司开出的金额为339 000元的支票一张。

(2)17日，销售给科达公司02#产品600件，单价250元，增值税税率为13%，产品已发出，款项尚未支付。

(3)18日，用银行存款支付产品的展览费1 500元。

(4)20日，收到科达公司支付的货款169 500元，存入银行。

(5)22日，销售A材料64 000元，增值税税率为13%，款项存入银行。

(6)30日，计算并结转已销材料的销售成本40 400元。

(7)30日，计算并结转本月已销售的01#和02#产品的实际生产成本，其中，01#产品的生产成本150 000元，02#产品的生产成本60 000元。

(8)30日，用银行存款支付广告费5 000元。

(9)30日，本月应交纳的增值税44 720元，计算本月应交的城市维护建设税和教育费附加。

【要求】根据以上资料，编制记账凭证。

五、利润形成与分配过程的核算

利润是指企业在一定会计期间的经营成果，包括收入减去费用后的净额、直接计入当期损益的利得和损失等。企业的利润按其形成过程可分为营业利润、利润总额、净利润。

营业利润=营业收入-营业成本-税金及附加-销售费用-管理费用-财务费用-资产减值损失+公允价值变动收益(-公允价值变动损失)+投资收益(-投资损失)

其中：营业收入=主营业务收入+其他业务收入

营业成本=主营业务成本+其他业务成本

利润总额=营业利润+营业外收入-营业外支出

净利润=利润总额-所得税费用

常用账户有"本年利润"账户、"营业外收入"账户、"营业外支出"账户、"投资收益"账户、"所得税费用"账户、"盈余公积"账户、"应付股利"账户、"利润分配"账户。

1."本年利润"账户(见图3-4-25)

核算内容：核算企业当期实现的净利润(或发生的净亏损)。

账户性质：所有者权益类账户。

账户结构：贷方登记期末转入的主营业务收入、其他业务收入、营业外收入和投资收益等，借方登记期末转入的主营业务成本、其他业务成本、营业外支出、税金及附加、管理费用、财务费用、销售费用、投资损失和所得税费用等。期末余额在贷方，反映当期实现的净利润；期末余额在借方，反映当期发生的净亏损。年度终了，将"本年利润"账户的余额转入"利润分配——未分配利润"账户，结转后本账户无余额。

借方	本年利润	贷方
从损益类账户转入的费用数		从损益类账户转入的收入数
发生的亏损； 将全年实现的利润转入"利润分配"账户		实现的利润； 将全年发生的亏损转入"利润分配"账户

图 3-4-25 "本年利润"账户

2."营业外收入"账户（见图 3-4-26）

核算内容：核算企业发生的各项营业外收入，主要包括非流动资产处置利得、非货币性资产交换利得、债务重组利得、政府补助、盘盈利得、捐赠利得等。

账户性质：损益类账户。

账户结构：贷方登记营业外收入的增加额，借方登记期末转入"本年利润"账户的营业外收入额。期末结转后，本账户无余额。

明细账设置：本账户可按营业外收入项目设置明细账户，进行明细核算。

借方	营业外收入	贷方
期末转入"本年利润"账户的营业外收入额		营业外收入的增加额

图 3-4-26 "营业外收入"账户

3."营业外支出"账户（见图 3-4-27）

核算内容：核算企业发生的各项营业外支出，包括非流动资产处置损失、非货币性资产交换损失、债务重组损失、公益性捐赠支出、非常损失、盘亏损失等。

账户性质：损益类账户。

账户结构：借方登记营业外支出的增加额，贷方登记期末转入"本年利润"账户的营业外支出额。期末结转后，本账户无余额。

明细账设置：本账户可按营业外支出项目设置明细账户，进行明细核算。

借方	营业外支出	贷方
营业外支出的增加额		期末转入"本年利润"账户的营业外支出额

图 3-4-27 "营业外支出"账户

4. "投资收益"账户（见图3-4-28）

核算内容：核算企业从投资活动中获得的收益。

账户性质：损益类账户。

账户结构：借方登记企业对外投资所损失的利润、股利和债券利息等和投资收益转出数，贷方登记企业对外投资所取得的利润、股利和债券利息等收入。期末结转后，本账户无余额。

明细账设置：按所发生的投资项目进行明细核算。

借方	投资收益	贷方
企业对外投资所损失的利润、股利和债券利息等和投资收益转出数		企业对外投资所取得的利润、股利和债券利息等收入

图3-4-28 "投资收益"账户

5. "所得税费用"账户（见图3-4-29）

核算内容：核算企业负担的所得税。

账户性质：损益类账户。

账户结构：借方登记企业应交纳的所得税费用，贷方登记期末转入"本年利润"账户的所得税费用。期末结转后，本账户无余额。

借方	所得税费用	贷方
企业应交纳的所得税费用		期末转入"本年利润"账户的所得税费用

图3-4-29 "所得税费用"账户

6. "盈余公积"账户（见图3-4-30）

核算内容：核算企业从净利润中提取的盈余公积。

账户性质：所有者权益类账户。

账户结构：贷方登记企业按规定提取盈余公积的数额，借方登记盈余公积的使用数额。期末余额在贷方，反映企业的盈余公积余额。

明细账设置：本账户可分别设置"法定盈余公积""任意盈余公积"进行明细核算。

借方	盈余公积	贷方
盈余公积的使用数额		盈余公积的提取数额
		盈余公积的余额

图3-4-30 "盈余公积"账户

7. "应付股利"账户(见图 3-4-31)

核算内容:核算企业分配的现金股利或利润。

账户性质:负债类账户。

账户结构:贷方登记企业应付给投资者的股利或利润的增加额,借方登记实际支付给投资者的股利或利润。期末余额在贷方,反映企业应付未付的现金股利或利润。

明细账设置:本账户可按投资者设置明细账户,进行明细核算。

借方	应付股利	贷方
已支付的现金股利		企业应向投资者支付的现金股利
		尚未支付的现金股利或利润

图 3-4-31 "应付股利"账户

8. "利润分配"账户(见图 3-4-32)

核算内容:核算企业利润的分配(或亏损的弥补)和历年分配(或弥补)后的余额。

账户性质:所有者权益类账户。

账户结构:借方登记利润的分配数和年末从"本年利润"账户转入的亏损数,贷方登记取得的亏损弥补数及年末从"本年利润"账户转入的全年实现的净利润。期末余额在贷方,反映历年未分配的利润;期末余额在借方,反映历年未弥补的亏损。

明细账设置:本账户可分别以"提取法定盈余公积""提取任意盈余公积""应付现金股利或利润""盈余公积补亏"和"未分配利润"等进行明细核算。

借方	利润分配	贷方
利润的分配数		从"本年利润"账户转入的全年实现的净利润
历年未弥补的亏损		历年累计未分配利润

图 3-4-32 "利润分配"账户

盛华公司 2023 年 5 月发生下列经济业务:

【案例 3-4-43】1 日,收到用拓公司的违约罚款利得 10 000 元转作营业外收入。

借:银行存款 10 000

贷:营业外收入——罚款 10 000

【案例3-4-44】18日，向地震灾区捐款5 000元。

借：营业外支出——捐款　　　　　　　　　　　　　　　　　　　　　5 000
　　贷：银行存款　　　　　　　　　　　　　　　　　　　　　　　　　　　5 000

【案例3-4-45】28日，收到对外投资股利20 000元，存入银行。

借：银行存款　　　　　　　　　　　　　　　　　　　　　　　　　　　20 000
　　贷：投资收益　　　　　　　　　　　　　　　　　　　　　　　　　　　20 000

【案例3-4-46】31日，将损益类有关收入账户的余额转入"本年利润"账户，其中，主营业务收入450 000元(A产品380 000元，B产品70 000元)，其他业务收入20 000元，营业外收入10 000元，投资收益20 000元。

借：主营业务收入　　　　　　　　　　　　　　　　　　　　　　　　450 000
　　其他业务收入　　　　　　　　　　　　　　　　　　　　　　　　　20 000
　　营业外收入　　　　　　　　　　　　　　　　　　　　　　　　　　10 000
　　投资收益　　　　　　　　　　　　　　　　　　　　　　　　　　　20 000
　　贷：本年利润　　　　　　　　　　　　　　　　　　　　　　　　　　500 000

【案例3-4-47】31日，将损益类有关费用账户的余额转入"本年利润"账户，其中，主营业务成本280 000元(A产品240 000元，B产品40 000元)，其他业务成本10 000元，税金及附加3 835元，营业外支出5 000元，销售费用4 000元，管理费用19 365元，财务费用2 100元。

借：本年利润　　　　　　　　　　　　　　　　　　　　　　　　　　324 300
　　贷：主营业务成本　　　　　　　　　　　　　　　　　　　　　　　280 000
　　　　其他业务成本　　　　　　　　　　　　　　　　　　　　　　　10 000
　　　　税金及附加　　　　　　　　　　　　　　　　　　　　　　　　3 835
　　　　销售费用　　　　　　　　　　　　　　　　　　　　　　　　　4 000
　　　　管理费用　　　　　　　　　　　　　　　　　　　　　　　　　19 365
　　　　财务费用　　　　　　　　　　　　　　　　　　　　　　　　　2 100
　　　　营业外支出　　　　　　　　　　　　　　　　　　　　　　　　5 000

【案例3-4-48】31日，计算并结转本年应交所得税。

应交所得税=(500 000-324 300)×25% = 43 925

借：所得税费用　　　　　　　　　　　　　　　　　　　　　　　　　　43 925
　　贷：应交税费——应交所得税　　　　　　　　　　　　　　　　　　　43 925

同时，结转应交纳的所得税。

借：本年利润　　　　　　　　　　　　　　　　　　　　　　　　　　　43 925
　　贷：所得税费用　　　　　　　　　　　　　　　　　　　　　　　　　43 925

【案例 3-4-49】31 日，用银行存款交纳本年所得税 43 925 元。

借：应交税费——应交所得税　　　　　　　　　　　　　　43 925
　　贷：银行存款　　　　　　　　　　　　　　　　　　　　　　　43 925

【案例 3-4-50】31 日，结转全年净利润，将"本年利润"账户余额转入"利润分配——未分配利润"账户。

净利润 = 利润总额 − 所得税费用
　　　 = 500 000 − 324 300 − 43 925
　　　 = 131 775

借：本年利润　　　　　　　　　　　　　　　　　　　　　　131 775
　　贷：利润分配——未分配利润　　　　　　　　　　　　　　　　131 775

【案例 3-4-51】31 日，按净利润的 10%提取法定盈余公积金，按净利润的 5%提取任意盈余公积金。

提取的法定盈余公积 = 131 775 × 10% = 13 177.5（元）

提取的任意盈余公积 = 131 775 × 5% = 6 588.75（元）

借：利润分配——法定盈余公积　　　　　　　　　　　　　　13 177.5
　　　　　　——任意盈余公积　　　　　　　　　　　　　　　6 588.75
　　贷：盈余公积——法定盈余公积　　　　　　　　　　　　　　13 177.5
　　　　　　　——任意盈余公积　　　　　　　　　　　　　　　6 588.75

【案例 3-4-52】31 日，按照批准的利润分配方案，向投资者分配利润 20 000 元。

借：利润分配——应付股利　　　　　　　　　　　　　　　　20 000
　　贷：应付股利　　　　　　　　　　　　　　　　　　　　　　　20 000

【案例 3-4-53】31 日，用银行存款向投资者发放股利 20 000 元。

借：应付股利　　　　　　　　　　　　　　　　　　　　　　20 000
　　贷：银行存款　　　　　　　　　　　　　　　　　　　　　　　20 000

【案例 3-4-54】31 日，经批准，将盈余公积 5 000 元转增注册资本。

借：盈余公积　　　　　　　　　　　　　　　　　　　　　　5 000
　　贷：实收资本　　　　　　　　　　　　　　　　　　　　　　　5 000

【案例 3-4-55】31 日，将"利润分配"账户所属各明细账户余额结转到"利润分配——未分配利润"明细账户。

借：利润分配——未分配利润　　　　　　　　　　　　　　　39 766.25
　　贷：利润分配——法定盈余公积　　　　　　　　　　　　　　13 177.5
　　　　　　　　——任意盈余公积　　　　　　　　　　　　　　6 588.75
　　　　　　　　——应付股利　　　　　　　　　　　　　　　　20 000

专题三 记账凭证的填制与审核

情境训练

【资料】智科公司2023年12月发生下列经济业务：

(1) 1日，收到科达公司因购货合同违约支付的违约金5 000元。

(2) 8日，开出转账支票一张，向希望工程捐款10 000元。

(3) 30日，分得投资利润10 000元，存入银行。

(4) 30日，结转本期主营业务收入450 000元、其他业务收入64 000元、营业外收入5 000元和投资收益10 000元。

(5) 30日，结转本期主营业务成本210 000元、其他业务成本40 400元、税金及附加4 488元、销售费用5 000元、管理费用29 400元、财务费用1 333元和营业外支出10 000元。

(6) 30日，按利润总额的25%计算并结转企业所得税。

(7) 30日，按净利润的10%提取法定盈余公积金，按净利润的5%提取任意盈余公积金。

(8) 30日，按照批准的利润分配方案，向投资者分配利润10 000元。

【要求】根据以上资料，编制记账凭证。

学习评价

专题三	学习目标	自评	他评
记账凭证的填制与审核	1. 掌握记账凭证的填制方法，掌握记账凭证审核要求(40分)		
	2. 能根据经济业务编制正确的记账凭证、能对记账凭证进行审核(40分)		
	3. 养成认真、细致的工作习惯(20分)		
	合计		

素质课堂

"一带一路"

"一带一路"(The Belt and Road，缩写B&R)是"丝绸之路经济带"和"21世纪海上丝绸之路"的简称，2013年9月和10月由中国国家主席习近平分别提出建设"新丝绸之路经济带"和"21世纪海上丝绸之路"的合作倡议。依靠中国与有关国家既有的双多边机制，借助既有的、行之有效的区域合作平台，"一带一路"旨在借用古代丝绸之路的历史符号，高举和平发展的旗帜，积极发展与合作伙伴的经济合作关系，共同打造政治互信、经济融合、文化包容的利益共同体、命运共同体和责任共同体。

"一带一路"建设秉承共商、共享、共建原则。

恪守联合国宪章的宗旨和原则。遵守和平共处五项原则，即尊重各国主权和领土完整、互不侵犯、互不干涉内政、和平共处、平等互利。

坚持开放合作。"一带一路"相关的国家基于但不限于古代丝绸之路的范围，各国和各国际、地区组织均可参与，让共建成果惠及更广泛的区域。

坚持和谐包容。倡导文明宽容，尊重各国发展道路和模式的选择，加强不同文明之间的对话，求同存异、兼容并蓄、和平共处、共生共荣。

坚持市场运作。遵循市场规律和国际通行规则，充分发挥市场在资源配置中的决定性作用和各类企业的主体作用，同时发挥好政府的作用。

坚持互利共赢。兼顾各方利益和关切，寻求利益契合点和合作最大公约数，体现各方智慧和创意，各施所长，各尽所能，把各方优势和潜力充分发挥出来。

专题四

账簿的建立与登记

新建单位在领取营业执照 15 日内或者原有单位在新的会计年度开始时，会计人员应根据核算工作的需要设置账簿，即建账。一个经济单位要建哪些账，各种账簿采用什么格式的账页以及设置哪些账户，是会计人员在建账过程中要完成的基本任务。登账是为了提供全面、连续、系统、完整的会计信息，为财务报表提供数据来源，是会计人员必不可少的工作环节。

学习目标

知识目标：
1. 了解账簿的概念、种类；
2. 了解账簿的设置和基本内容；
3. 掌握账簿的使用规则和登记方法；
4. 掌握错账的更正方法。

能力目标：
1. 能够启用、建立和登记各种会计账簿；
2. 能够熟练使用错账的更正方法。

情感目标：
1. 培养学生诚实守信的品质，使其具有良好的职业操守；
2. 培养学生认真、严谨的态度，细致、专注的工作作风；
3. 培养学生自信自强、守正创新、踔厉奋发、勇毅前行的精神品质。

学习情境一　账簿的建立

情境导入

记账凭证是根据审核无误的原始凭证填制的,但这个过程提供的会计信息是个别的、零星的、分散的。企业通过建立会计账簿可以把大量、分散的核算资料,通过归类、整理、积累贮存起来,形成完整、系统的会计信息。不同的企业在建账时所需要购置的账簿也是不尽相同的。同学们,你知道会计人员是如何建账的吗?下面,让我们一起来学习吧!

知识学习

一、认识账簿

(一)会计账簿的概念

会计账簿,简称账簿,是指由具有一定格式的账页所组成,以经过审核的会计凭证为依据,全面、系统、连续地记录各项经济业务的会计簿籍。科学设置和登记账簿,是会计核算工作的一个重要环节。

会计账簿和会计凭证都是记录经济业务的会计资料,但二者记录的方式不同。会计凭证对经济业务的记录是零散的,不能全面、连续、系统地反映和监督经济业务内容;而会计账簿对经济业务的记录是分类、序时、全面、连续的,能够把分散在会计凭证中的大量核算资料加以集中,为企业提供完整的核算资料。设置和登记账簿是编制财务报表的基础。

(二)账簿的基本内容

(1)封面:主要用来标明账簿的名称。

(2)扉页:主要用来列明会计账簿的使用信息,如科目索引、账簿启用和经管人员一览表等(见表4-1-1)。

表 4-1-1　账簿启用表

账簿启用表				
分类账				单位盖章
共　　　册　　　第　　　册				
年　月　日至　　年　月　日				
本账簿共计　　　页，此账簿　　　页				
主　　管		记　　账		
姓　名	盖　章	姓　名	盖　章	
日　　期		接　　管	主　　管	贴印花处
年　月　日		姓　名　盖　章	姓　名　盖　章	

(3) 账页：账簿用来记录经济业务的主要载体，包括账户的名称、日期栏、凭证种类和编号栏、摘要栏、金额栏及总页次、分户页次等基本内容。

(三)账簿的种类

会计账簿可以按其用途、账页格式和外形特征等不同标准进行分类。

(1) 账簿按其用途可分为序时账簿、分类账簿和备查账簿三种，它们的区别如表 4-1-2 所示。

表 4-1-2　按用途分类的三种账簿的区别

账簿名称	定义	种类	说明
序时账簿	又称日记账，是按照经济业务发生时间的先后顺序逐日逐笔登记的账簿	按其记录的内容，可分为普通日记账和特种日记账。普通日记账是对全部经济业务按其发生时间的先后顺序逐日逐笔登记的账簿；特种日记账是对某一特定种类的经济业务按其发生时间的先后顺序逐日逐笔登记的账簿	在实际工作中为了加强货币资金的管理，企业一般都必须设置库存现金日记账和银行存款日记账

续表

账簿名称	定义	种类	说明
分类账簿	是按照会计要素的具体类别而设置的分类账户进行登记的账簿	按其反映经济业务的详细程度，可分为总分类账簿和明细分类账簿。 总分类账簿简称总账，是根据总分类账户开设的，能够全面地反映企业的经济活动； 明细分类账簿简称明细账，是根据明细分类账户开设的，用来提供明细的核算资料	分类账簿是会计账簿的主体，也是编制会计报表的主要依据
备查账簿	也称辅助账簿，是指对某些在序时账簿和分类账簿中未能记录或记录不全的经济业务进行补充登记的账簿		与其他账簿之间不存在严密的依存关系，它是根据企业的实际需要设置的，没有固定的格式要求

（2）账簿按其外形特征可分为订本式账簿、活页式账簿和卡片式账簿三种，它们的区别如表4-1-3所示。

表4-1-3　按外形特征分类的三种账簿的区别

账簿名称	定义	优、缺点	适用范围
订本式账簿	是在未启用前将编有顺序页码的一定数量账页装订成册的账簿	优点：避免账页散失和防止抽换账页；缺点：不能准确为各账户预留账页	总分类账、库存现金日记账和银行存款日记账
活页式账簿	是将一定数量账页置于活页账夹中，可根据记账的变化而随时增加或抽减账页的账簿	优点：可以随时抽换、增减账页，便于记账人员的分工、记账；缺点：账页容易散失、抽换	明细分类账
卡片式账簿	是指将一定数量的卡片式账页存放于专设的卡片箱中，可以随时增添账页的账簿	优点：随时可取可放可移动，也可跨年度长期使用；缺点：容易造成散失或被抽换	一般在实物保管、使用部门使用，如固定资产等保管

（3）账簿按账页格式可分为三栏式账簿、多栏式账簿、数量金额式账簿和横线登记式账簿，它们的区别如表4-1-4所示。

表 4-1-4　按账页格式分类的账簿的区别

账簿名称	定义	基本结构	适用范围
三栏式账簿	是指设有借方、贷方和余额三个金额栏目的账簿	借、贷、余三栏	各种日记账、总账以及资本、债权债务明细账
多栏式账簿	是指在借方和贷方栏内按需要分设若干专栏的账簿	在借、贷栏目下再分设若干专栏	成本、费用类的明细账
数量金额式账簿	是指在借、贷、余三栏下再分设数量、单价、金额的账簿	在借、贷、余三栏下再分设数量、单价、金额三个栏目	原材料、库存商品、产成品等明细账
横线登记式账簿	是指将前后密切相关的经济业务登记在同一行上，以便检查每笔业务的发生和完成情况的账簿	在同一张账页的同一行，记录某一项经济业务从发生到完成的有关内容	材料采购、在途物资、应收票据和一次性备用金等明细账

二、账簿的启用

会计账簿是企业重要的经济档案，为了明确记账责任，保证会计账簿记录的合法性和完整性，必须按要求启用会计账簿。

1. 设置账簿的封面和封底

订本式账簿不另设封面。各种活页账簿都应设置封面和封底，并登记单位名称、账簿名称和所属会计年度。

2. 填写账簿启用表

在启用新账簿前，应由记账人员填写"账簿启用表"，详细填写有关项目后加盖单位公章，并由会计主管人员和记账人员分别签章。

账簿启用表的填写

3. 填写科目索引

总账应按照会计科目的编号顺序填写科目名称及启用页码。活页式明细账应按所属会计科目填写科目名称，在年度结账后，撤去空白账页，按顺序编号，填写使用页码。

4. 粘贴印花税票

账簿启用时应缴纳印花税，粘贴印花税票。印花税票应粘贴在账簿启用表的右上角，并在税票中央划两条出头的平行线，以示注销。

情境训练

【资料】2023年1月1日，智科公司启用2023年新账簿，出纳陈红负责银行存款日记账，账簿共100页，会计主管为李梅。

【要求】根据以上资料填写账簿启用表。

三、建账

(一)账簿的设置原则

各单位应按照会计制度和《会计基础工作规范》的基本要求，结合本单位业务特点与管理要求设置本单位账簿体系，力求科学严密。设置会计账簿应遵循以下原则：

(1)账簿的设置要能保证全面、连续、系统地反映和监督各单位的经济活动，为经营管理提供系统、分类的核算资料。

(2)账簿的设置应在满足经济业务实际需要与管理要求的前提下，考虑人力和物力的节约，尽量避免重复设账。

(3)账簿的格式要按照所记录的经济业务的内容和需要提供的核算进行设计，力求简便实用，避免烦琐重复。

(二)建账的方法

由于各种账簿类型不同，所起的作用不同，建账的情况也有所差异。

1. 总账

总账(见图4-1-1)是根据一级会计科目(总账科目)开设的账簿，用来分类登记企业的全部经济业务，提供资产、负债、所有者权益、费用、收入和利润等总括的核算资料。总账外部采用订本式账簿，内部采用三栏式账页。

图 4-1-1　总账

2. 日记账

根据《会计基础工作规范》的规定，各单位应设置现金日记账和银行存款日记账，以便加强对货币资金监督和管理。日记账（见图4-1-2）内部一般采用三栏式账页，并设置"对方科目"栏，外部采用订本式账簿，不能采用银行对账单或其他方法代替日记账。

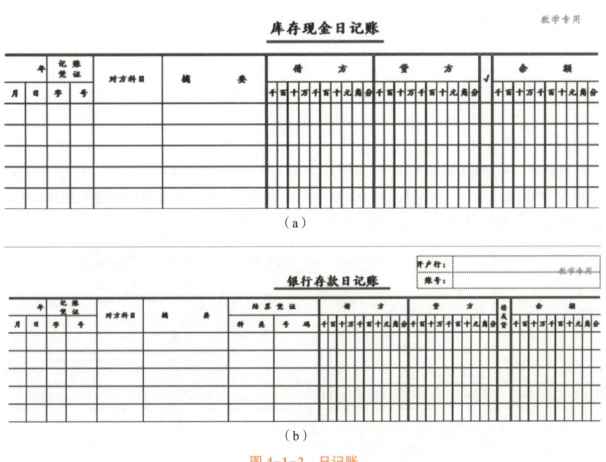

图 4-1-2　日记账

（a）库存现金日记账；（b）银行存款日记账

3. 明细账

明细账是根据总账科目所属的明细科目设置的，用来分类登记某一类经济业务，提供有关的明细核算资料。明细账的格式有三栏式、数量金额式、多栏式及横线登记式多种账页格式，企业应根据科目的不同选择明细账的格式。明细账的外表形式一般采用活页式。

（1）三栏式明细账。

三栏式明细账（见图4-1-3）的格式设有借方、贷方和余额三个金额栏，适用于只要求反映金额的变动和结余情况的经济业务，如"应收账款""应付账款""主营业务收入""实收资料""预收账款""其他应收款"等账户的明细核算。

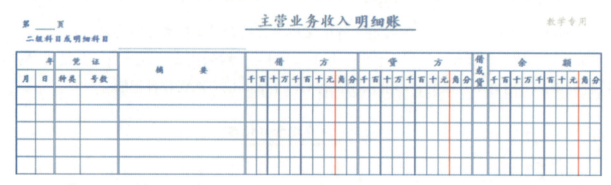

图 4-1-3　三栏式明细账

(2)数量金额式明细账。

数量金额式明细账(见图 4-1-4)的账页设有"借入""支出""结存"三栏,每栏再分设"数量""单价""金额"三栏,它主要适用于既要进行金额明细核算,又要进行数量明细核算的各种实物存货账户,如"原材料""库存商品"等账户的明细账。

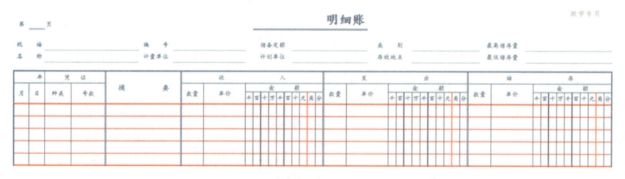

图 4-1-4　数量金额式明细账

(3)多栏式明细账。

多栏式明细账(见图 4-1-5)是根据经济业务的特点和经营管理的需要,在一张账页内按有关明细科目设置若干专栏,集中反映有关明细账核算资料的明细账。这一般适用于费用、成本、收入、成果类账户,如"生产成本""制造费用""管理费用"等账户的明细分类核算。利用多栏式明细账,可以简化账簿,减少核算工作量,便于进行费用、成本、收入和利润的分析。

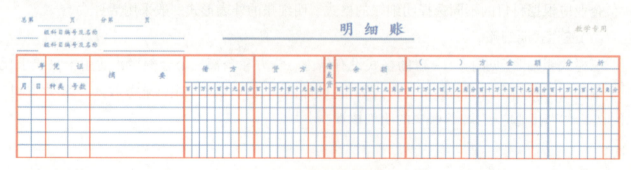

图 4-1-5　多栏式明细账

专题四　账簿的建立与登记

4. 备查账

备查账辅助账簿是对某些在日记账和分类账中未能记载的会计事项进行补充登记的账簿。企业可根据需要设置备查账，备查账簿没有固定的账本形式和账页格式，企业可根据内部管理的需要自行确定。如企业可以设置"租入固定资产登记簿""支票登记簿""应收票据备查簿"等。

备查账的外表形式一般采用活页式。与明细账一样，为保证账簿的安全、完整，使用时应顺序编号并装订成册，注意妥善保管，以防账页丢失。

情境训练

林华刚应聘到智科公司，财务处正好需要更换新的账簿，包括总账，明细账，现金日记账，银行存款日记账，其他应收款、实收资本等明细账，原材料明细账，生产成本、管理费用、制造费用等明细账。财务处处长让林华去购买相关账册。请你帮助林华选择一下具体的账本形式和账页格式。

学习情境二　账簿的登记

情境导入

按照会计工作程序，账簿设置完以后，会计人员就必须根据审核无误的原始凭证、记账凭证或者记账凭证汇总表登记各种账簿。登账是一项非常细致、严谨的工作，如果出现差错，必须按规定进行错账更正。同学们，你知道企业会计人员是如何登账的吗？下面，让我们一起来学习吧！

知识学习

一、账簿登记规则

登记账簿是会计核算的基础工作和重要环节，是会计人员必须掌握的基本技能。为了保证记账工作的质量，使账簿记录正确、真实、清晰和完整，会计人员在记账时应严格遵守记账规则（见表4-2-1）。

表 4-2-1　记账规则

及时登记账簿	会计人员要及时登账，不得拖延。工作积压易造成漏记、错记，造成资料在传递、使用、分析中的障碍
内容准确完整	应当将会计凭证日期、编号、摘要、金额和其他有关资料，逐项填写入账。同时，每笔经济业务登记完毕，要在相应的记账凭证上签名或者盖章，并注明记账符号，以免发生重记或漏记
使用蓝黑墨水	必须使用蓝黑或者碳素墨水笔书写，不得使用铅笔或圆珠笔（银行的复写账簿除外），红色墨水笔只能在账簿中冲账、更正或画线时使用
顺序连续登记	应按页次顺序连续登记，不得跳行、隔页。如果发生跳行、隔页，应当将空行、空页画线注销，或者注明"此行空白""此页空白"字样，并由记账人员签字或者盖章
结出账户余额	凡需结出余额的账户，结出余额后，应在"借或贷"栏内写明"借"或"贷"的字样。对于没有余额的账户，应在该栏中写"平"字，并在余额栏"元"位上写"0"。现金日记账或银行存款日记账必须做到日清月结，每日结出余额
规范更正错账	账簿记录发生错误时，严禁刮擦、挖补、涂改或用药水消除字迹，应根据错账的具体情况，按规定的方法进行更正
过次页承前页	各账户在一张账页记满时，要在该账页的最末一行加计发生额合计数和结出余额，并在该行"摘要"栏注明"转次页"字样，然后再将发生额合计数和余额抄到下一页的第一行内，并在"摘要"栏内注明"承前页"，以保证账簿记录的连续性

知识拓展

一般来说，总账要按照单位所采用的会计核算形式及时记账。各种明细账，要根据原始凭证、原始凭证汇总表和记账凭证每天进行登记，也可以定期（三天或五天）登记。但债权债务明细账和财产物资明细账应当每天登记，以便随时与对方单位结算，核对库存余额。现金日记账和银行存款日记账，应当根据办理完毕的收付款凭证，随时逐笔顺序进行登记，最少每天登记一次。

二、账簿登记

(一)登记库存现金日记账

库存现金日记账是由出纳人员按照经济业务发生的时间先后顺序,根据现金收款凭证、现金付款凭证和提取现金的银行存款付款凭证,逐日逐笔进行登记的,并随时结出余额。库存现金日记账的登记方法如图4-2-1所示。

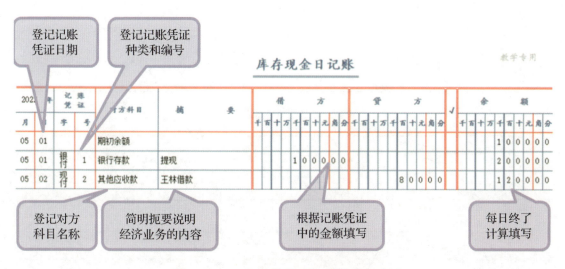

图 4-2-1　库存现金日记账的登记方法

知识拓展

每日终了,应根据"上日余额+本日收入-本日支出=本日余额"的公式,逐日结出余额,与库存现金实有数核对,以检查每日现金收付是否有误。这就是通常说的"日清"。如账款不符应查明原因并记录备案。月终,同样要计算库存现金收、付和结存的合计数,通常称为"月结"。

情境训练

【资料】智科公司2023年6月初"库存现金"账户余额500元,本月发生如下现金收、付业务:

(1)1日,从银行提取现金1 500元备用。

(2)5日,李林出差预借差旅费1 000元。

(3)7日,用现金购买办公用品300元。

(4)9日,以现金支付广告费200元。

(5)10日,从银行提取现金50 000元,备发职工工资。

(6) 10 日，用现金 50 000 元发放工资。

(7) 21 日，以现金支付李林报销差旅费 780 元，余款交回。

【要求】填制收付款凭证，并登记现金日记账。

(二) 登记银行存款日记账

银行存款日记账是由出纳人员按照经济业务发生的时间先后顺序，根据审核无误的银行存款收、付款凭证以及与银行存款有关的现金付款凭证，逐日逐笔登记的，每日终了应结出存款余额。银行存款日记账的登记方法如图 4-2-2 所示。

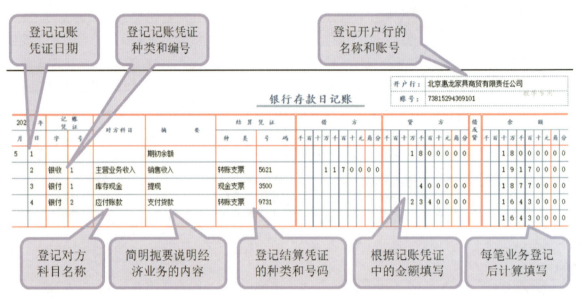

图 4-2-2 银行存款日记账的登记方法

知识拓展

每日终了，应分别计算当日银行存款收入和支出的合计数，结算出余额，做到"日清"。每月终了，应计算银行存款全月收入和支出的合计数，结算出余额，做到"月结"，并与"银行对账单"核对，按月编制"银行存款余额调节表"。

情境训练

【资料】智科公司 2023 年 3 月初的现金日记账余额为 800 元，银行存款日记账的余额为 968 000 元。本月发生以下经济业务：

(1) 1 日，职工黎明预借差旅费 300 元，以现金支付。

(2) 2 日，开出现金支票，从银行提取现金 450 元备用。

(3) 3 日，以现金 60 元购买办公用品。

(4)5日，以现金30元支付企业管理设备修理费用。

(5)10日，开出现金支票，从银行提取现金25 600元，备发工资。

(6)10日，以现金支付购买材料装卸费180元。

(7)12日，推销员黎明报销差旅费170元，交回多余现金。

(8)15日，开出现金支票，从银行提取现金900元。

(9)18日，以现金发放工资25 600元。

(10)25日，采购员陈玲预借差旅费800元，以现金支付。

(11)27日，采购员陈玲因故取消出差，退回预借现金800元。

【要求】根据上述经济业务编制记账凭证，登记现金日记账和银行存款日记账。

(三)登记明细账

明细账是根据有关明细分类账户设置并登记的账簿，它能提供交易或事项比较详细、具体的核算资料，对总账起补充说明的作用。因此，企业在设置总账的同时，还应根据实际需要设置明细账。

1. 登记三栏式明细账

三栏式明细账的账页只设借方、贷方和余额三个金额栏。这种格式适用于只需要进行金额核算的账户，如"应交税费""应收账款""应付账款""主营业务收入"等账户。三栏式明细账的登记方法如图4-2-3所示。

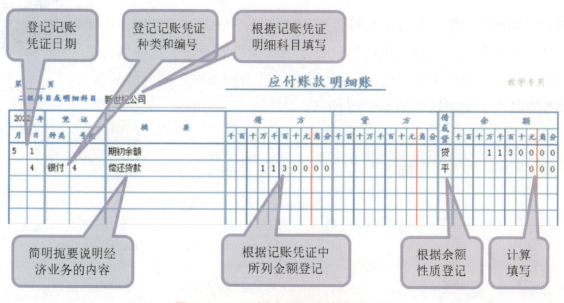

图4-2-3　三栏式明细账的登记方法

温馨提示：明细账登记的同时应注意保持与总账的平行登记，以保证总账与明细账之间的核对关系。

2. 登记数量金额式明细账

数量金额式明细账是由会计人员根据审核无误的记账凭证、原始凭证、汇总原始凭证等进行登记的。账页是在收入、发出和结余栏下，再按数量、单价和金额分设专栏，这种格式适用于既需要进行金额核算，又需要进行实物数量核算的各种财产物资的明细核算，如"原材料""库存商品"等实物账户的明细核算。数量金额式明细账的登记方法如图4-2-4所示。

数量金额式明细账的登记

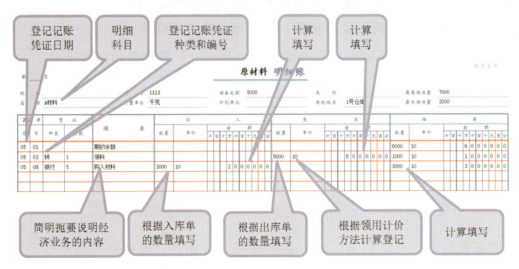

图4-2-4 数量金额式明细账的登记方法

3. 登记多栏式明细账

多栏式明细账的账页是在明细科目或明细项目下分设若干专栏，以便在同一账页上集中分类反映有关明细科目或明细项目的金额。这种格式适用于"生产成本""制造费用""管理费用"等成本、费用类账户的明细核算。多栏式明细账的登记方法如图4-2-5所示。

多栏式明细账的登记

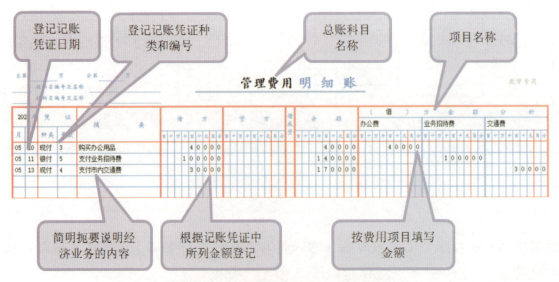

图4-2-5 多栏式明细账的登记方法

(四)登记总账

总账的登记方法因登记的依据不同而不同,主要取决于所采用的账务处理程序。它可以直接根据记账凭证逐笔登记,也可以通过一定的汇总方式先把各种记账凭证汇总编制成科目汇总表或汇总记账凭证,再定期登记。总账的登记方法如图 4-2-6 所示。

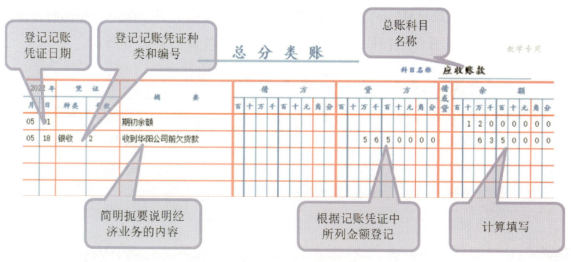

图 4-2-6　总账的登记方法

(五)总账与明细账的平行登记

总账是按总账科目开设的,提供资产、权益、收入和费用的总括资料;明细账是按照明细科目开设的,提供资产、权益、收入和费用的详细资料。

1. 总账与明细账的关系

总账对其所属的明细账起着控制、统驭的作用;明细账对其归属的总账则起着补充说明的作用。两者只是反映经济业务的详细程度不同,两者的登记依据和核算内容是相同的。因此,总账和明细账必须平行登记。

2. 总账与明细账的平行登记

总账与明细账的平行登记要点如表 4-2-2 所示。

表 4-2-2　总账与明细账的平行登记要点

同依据登记	对所发生的每项经济业务,根据会计凭证一方面要登记有关总账,另一方面要登记其所属的明细账
同期间登记	对发生的经济业务,登记总账和其所属明细账的时间可以有先后,但必须是在同一会计期间
同方向登记	在总账和所属明细账中登记同一项经济业务时,方向应相同
同金额登记	记入总账的金额与记入其所属的各明细账的金额合计数相等

总账借方发生额合计等于所属明细账的借方发生额合计之和。

总账贷方发生额合计等于所属明细账的贷方发生额合计之和。

总账余额等于所属明细账的余额之和。

【案例4-2-1】以"原材料"和"应付账款"为例，说明总账和明细账平行登记的方法。

盛华公司2023年6月"原材料"和"应付账款"月初余额如表4-2-3所示。

表4-2-3 "原材料"和"应付账款"月初余额

账户名称		单位	数量	单价	金额	
总账	明细账				总账	明细账
原材料					85 000	
	A材料	千克	3 000	15		45 000
	B材料	千克	2 000	20		40 000
应付账款					50 000	
	宁宇公司					20 000
	明泰公司					30 000

本月发生下列经济业务：

(1)7日，从宁宇公司购入A材料2 000千克，每千克15元；购入B材料1 000千克，每千克20元，货款尚未支付，材料已验收入库(核算省略增值税)。

借：原材料——A材料　　　　　　　　　　　　　　　30 000
　　　　　——B材料　　　　　　　　　　　　　　　20 000
　　贷：应付账款——宁宇公司　　　　　　　　　　　50 000

(2)16日，从明泰公司购入A材料1 000千克，每千克15元，货款尚未支付，材料已验收入库。

借：原材料——A材料　　　　　　　　　　　　　　　15 000
　　贷：应付账款——明泰公司　　　　　　　　　　　15 000

(3)20日，用银行存款偿付宁宇材料款40 000元，偿付明泰公司材料款25 000元。

借：应付账款——宁宇公司　　　　　　　　　　　　　40 000
　　　　　　——明泰公司　　　　　　　　　　　　　25 000
　　贷：银行存款　　　　　　　　　　　　　　　　　65 000

(4)26日，生产产品领用A材料4 000千克、B材料2 000千克。

借：生产成本　　　　　　　　　　　　　　　　　　　　　　　　　　100 000
　　贷：原材料——A材料　　　　　　　　　　　　　　　　　　　　　　60 000
　　　　　　　——B材料　　　　　　　　　　　　　　　　　　　　　　40 000

根据以上资料及会计分录对"原材料""应付账款"总账和明细账进行平行登记，并结出余额，如表4-2-4~表4-2-11所示。

表4-2-4　总　账

会计科目：原材料

2023年		凭证		摘要	借方	贷方	借或贷	余额
月	日	种类	编号					
6				期初余额			借	85 000
	7	转	1	购入材料	50 000		借	135 000
	16	转	2	购入材料	15 000		借	150 000
	26	转	4	生产领用材料		100 000	借	50 000
	30			本期发生额及月末余额	65 000	100 000	借	50 000

表4-2-5　原材料 明细账

材料类别：原材料
材料名称或规格：A材料　　　　　　　　　　　　　　　　　　　　存放地点：1号仓库
材料编号：1113　　　　　　　　　　　　　　　　　　　　　　　　计量单位：千克

2023年		记账凭证		摘要	借方			贷方			余额		
月	日	字	号		数量	单价	金额	数量	单价	金额	数量	单价	金额
6	1			期初余额							3 000	15	45 000
	7	转	1	购料	2 000	15	30 000				5 000	15	75 000
	16	转	2	购料	1 000	15	15 000				6 000	15	90 000
	26	转	4	领料				4 000	15	60 000	2 000	15	30 000
				期末余额	3 000	15	45 000	4 000	15	60 000	2 000	15	30 000

表 4-2-6 原材料 明细账

材料类别：原材料
材料名称或规格：B 材料　　　　　　　　　　　　　　　　　存放地点：2 号仓库
材料编号：1114　　　　　　　　　　　　　　　　　　　　　　计量单位：千克

2023 年		记账凭证		摘要	借方			贷方			余额		
月	日	字	号		数量	单价	金额	数量	单价	金额	数量	单价	金额
6	1			期初余额							2 000	20	40 000
	7	转	1	购料	1 000	20	20 000				3 000	20	60 000
	26	转	4	领料				2 000	20	40 000	1 000	20	20 000
				期末余额	1 000	20	20 000	2 000	20	40 000	1 000	20	20 000

表 4-2-7 总　账

会计科目：应付账款

2023 年		凭证		摘要	借方	贷方	方向	余额
月	日	字	号					
6	1			期初余额			贷	50 000
	7	转	1	购料		50 000	贷	100 000
	16	转	2	购料		15 000	贷	115 000
	20	付	3	支付货款	65 000		贷	50 000
				期末余额	65 000	65 000	贷	50 000

表 4-2-8 应付账款 明细账

会计科目：宁宇公司

2023 年		凭证		摘要	借方	贷方	方向	余额
月	日	字	号					
6	1			期初余额			贷	20 000
	7	转	1	购料		50 000	贷	70 000
	20	付	3	支付货款	40 000		贷	30 000
				期末余额	40 000	50 000	贷	30 000

表 4-2-9 应付账款 明细账

会计科目：明泰公司

2023年		凭证		摘要	借方	贷方	方向	余额
月	日	字	号					
6	1			期初余额			贷	30 000
	16	转	2	购料		15 000	贷	45 000
	20	付	3	支付货款	25 000		贷	20 000
				期末余额	25 000	15 000	贷	20 000

表 4-2-10 "原材料"明细账本期发生额及余额

2023 年 6 月

名称	计量单位	单价	期初余额		本期发生额				余额	
					收入		发出			
			数量	金额	数量	金额	数量	金额	数量	金额
A 材料	千克	15	3 000	45 000	3 000	45 000	4 000	60 000	2 000	30 000
B 材料	千克	20	2 000	40 000	1 000	20 000	2 000	40 000	1 000	20 000
合计				85 000		65 000		100 000		50 000

表 4-2-11 "应付账款"明细账本期发生额及余额

2023 年 6 月

名称	期初余额		本期发生额		期末余额	
	借方	贷方	借方	贷方	借方	贷方
宁宇公司		20 000	40 000	50 000		30 000
明泰公司		30 000	25 000	15 000		20 000
合计		50 000	65 000	65 000		50 000

情境训练

【资料】智科公司 2023 年 3 月"原材料"总账及所属明细账账户记录如图 4-2-7~图 4-2-10 所示。

【要求】运用总账与明细账平行登记的原理，将有关账户中的空缺数字填列齐全。

借方	原材料（总账）	贷方
期初余额 480 000		
本期发生额（ ）	本期发生额	860 000
期末余额 310 000		

图 4-2-7 "原材料"总账

借方	原材料（A）	贷方
期初余额 176 000		
本期发生额 320 000	本期发生额（ ）	
期末余额（ ）		

图 4-2-8 A 材料明细账

借方	原材料（B）	贷方
期初余额（ ）		
本期发生额 213 000	本期发生额	298 000
期末余额（ ）		

图 4-2-9 B 材料明细账

借方	原材料（C）	贷方
期初余额 115 000		
本期发生额（ ）	本期发生额（ ）	
期末余额 76 000		

图 4-2-10 C 材料明细账

学习评价

专题四	学习目标	自评	他评
账簿的建立与登记	1. 掌握账簿的登记方法以及错账的更正方法（40分）		
	2. 能启用、建立和登记各种会计账簿（40分）		
	3. 养成专注、严谨的工作习惯（20分）		
	合计		

素质课堂

为什么要建设全民终身学习的学习型社会、学习型大国

习近平总书记在党的二十大报告中指出,"建设全民终身学习的学习型社会、学习型大国"。这一战略部署,对提高人民的思想道德素质、科学文化素质和身心健康素质,服务全面建设社会主义现代化国家战略任务,具有重大指导意义。对此,可从以下两个方面来加深认识。

第一,建设全民终身学习的学习型社会、学习型大国,是提升全体国民素质、为全面建设社会主义现代化国家深度开发人力资源的客观需要。终身学习理念与实践在人类发展史中占有重要位置。我国要从人口大国转变为人力资源大国乃至强国,必然要靠全民终身学习。党的二十大报告发出全面建设社会主义现代化国家新的总动员令,对建设全民终身学习的学习型社会、学习型大国指明了总体方向。可以预见,全民终身学习制度体系的创新、学习型社会和学习型大国的建设,必将为新时代促进人的全面发展和经济社会可持续发展注入强大动力。

第二,建设全民终身学习的学习型社会、学习型大国,在新时代具有可持续发展的制度环境和更为健全的实施条件。党的十八大以来,以习近平同志为核心的党中央更加重视教育,全民终身学习领域成果丰硕。每年职业院校和普通高校输送1 000多万毕业生,500多万人通过继续教育获得高教学历,上亿从业人员接受多样化培训。中国特色社会主义教育制度体系的主体框架基本确立,我国教育普及程度稳居世界中上等收入国家行列。

专题五

对账和结账

设置账簿和登记账簿的完成，只是进行完第一步核算工作，对账和结账是它的延续，对账和结账的正确与否直接影响会计报表的质量。因此，会计人员不仅要做好建账、登账工作，还要做好对账、结账工作，以保证提供准确可靠的核算资料和会计信息。

学习目标

知识目标：

1. 了解对账的原因和结账的重要性；
2. 熟悉对账的内容、结账的要求和具体步骤；
3. 掌握对账相互核对的方法、掌握结账的方法和操作程序。

能力目标：

1. 能够通过对账工作找到发现错账的途径和纠正错误的方法，改善记账的质量；
2. 能够通过结账工作衡量和检验工作水平，以利于及时、准确完成任务。

情感目标：

1. 培养学生做事程序化的习惯养成，形成有条不紊的做事风格；
2. 培养学生认真、严谨的工作态度；
3. 培养学生增强文化自信的核心素养。

专题五 对账和结账

学习情境一 对 账

情境导入

前面已经学习了建账和登账，登账工作完成的质量如何，必须通过对账来检验账簿记录的完整性和正确性，以便于编制会计报表。为此，必须定期进行对账和结账工作。同学们，你知道对账工作的主要内容包括几个方面吗？下面，让我们一起来学习吧！

知识学习

对账，是对账簿记录所进行的核对，也就是核对账目。对账工作一般在记账之后结账之前，即在月末进行。对账一般分为账证核对、账账核对、账实核对。

对账

一、账证核对

账证核对是指将账簿记录与会计凭证核对，核对账簿记录与原始凭证、记账凭证的时间、凭证字号、内容、金额等是否一致，记账方向是否相符，做到账证相符。

二、账账核对

账账核对是核对不同会计账簿之间的账簿记录是否相符。

（一）总分类账簿之间的核对

按照"资产=负债+所有者权益"这一会计等式和"有借必有贷，借贷必相等"的记账规则，总分类账簿各账户的期初余额、本期发生额和期末余额之间存在对应的平衡关系，各账户的期末借方余额合计和贷方余额合计也存在平衡关系。通过这种等式和平衡关系，可以检查总账记录是否正确、完整。

（二）总分类账簿与所辖明细分类账簿之间的核对

总分类账各账户的期末余额应与其所辖各明细分类账的期末余额之和核对相符。

（三）总分类账簿与序时账簿之间的核对

总分类账簿与序时账簿之间的核对主要是指库存现金总账和银行存款总账的期末余额，

119

与库存现金日记账和银行存款日记账的期末余额之间的核对。

(四)明细分类账簿之间的核对

例如，会计机构有关实物资产的明细账与财产物资保管部门或使用部门的明细账定期核对，以检查余额是否相符。核对方法一般是由财产物资保管部门或使用部门定期编制收、发、结存汇总表报会计机构核对。

三、账实核对

账实核对是指各项财产物资、债权债务等账面余额与实有数额之间的核对。其具体核对内容包括：

(1)库存现金日记账账面余额与现金实际库存数逐日核对是否相符。

(2)银行存款日记账账面余额与银行对账单余额定期核对是否相符。

(3)各项财产物资明细账账面余额与财产物资实有数额定期核对是否相符。

(4)有关债权债务明细账账面余额与对方单位债权债务账面记录核对是否相符。

(一)认识财产清查

1. 财产清查的概念

财产清查是指通过对货币资金、实物资产和往来款项等财产物资进行盘点或核对，确定其实存数，查明账存数与实存数是否相符的一种专门方法。

2. 财产清查的种类

(1)按财产清查的对象和范围来划分，分为全面清查和局部清查。

全面清查是指对本单位的全部财产进行盘点与核对。其特点是清查的范围广、内容多、工作量大。一般在下列几种情况下，需要进行全面清查：年终决算前；在合并、撤销或改变隶属关系前；中外合资、国内合资前；股份制改造前；开展全面的资产评估、清产核资前；单位主要领导调离工作前等。

局部清查是指根据需要对部分财产物资进行盘点与核对。主要是对货币资金、存货等流动性较大的财产的清查。局部清查范围小、内容少、时间短、工作量小，但专业性较强。局部清查一般包括下列内容：对于原材料、在产品、产成品，应根据需要随时轮流盘点或重点抽查；对于贵重财产物资，每月都要进行清查盘点；对于库存现金，每日终了，应由出纳人员进行清点核对；对于银行存款，企业至少每月同银行核对一次；对于债权、债务，企业应每年至少同债权人、债务人核对1~2次。

(2)按财产清查的时间来划分，分为定期清查和不定期清查。

定期清查是按事先安排好的具体时间对财产物资进行的清查。它一般在年末、季末、月末结账前进行。其特点是事先有计划、有安排。根据实际需要，定期清查的对象和范围可以是全面清查，也可以是局部清查。

不定期清查是事先不规定清查日期，而根据实际需要进行的随机性、临时性的清查。其特点是带有突发性和偶然性，事先无计划、无安排。一般在发生下列情况时采用：财产物资、库存现金保管人员更换时，要对有关人员保管的财产物资、库存现金进行清查，以分清经济责任，便于办理交接手续；发生自然灾害和意外损失时，要对受损失的财产物资进行清查，以查明损失情况；上级主管、财政、审计和银行等部门，对本单位进行会计检查，应按检查的要求和范围对财产物资进行清查，以验证会计资料的可靠性；开展临时性清产核资时，要对本单位的财产物资进行清查，以便摸清家底。

（3）按照清查的执行系统，分为内部清查和外部清查。

内部清查是指由本单位内部自行组织清查工作小组所进行的财产清查工作。

外部清查是指由上级主管部门、审计机关、司法部门、注册会计师等根据国家有关规定或情况需要对本单位进行的财产清查。一般来讲，进行外部清查时应有本单位相关人员参加。

3. 财产清查的范围

财产清查的范围相当广泛，既包括本单位的全部资产和权益，也包括存放在本单位但所有权是外单位的财产物资。财产清查的具体内容如表5-1-1所示。

表5-1-1 财产清查的具体内容

货币资金的清查	主要是对库存现金和银行存款的清查
各种存货的清查	主要包括对库存原材料、燃料、包装物、低值易耗品、库存商品、在产品、自制半成品、外购商品等的清查
固定资产的清查	主要包括机器、厂房、办公设备、汽车以及在建工程物资等的清查
债权债务的清查	应收、应付、预收、预付等各种款项的清查
其他项目的清查	委托加工或受托加工的材料，以及租赁的固定资产、包装物的清查

（二）财产清查的内容和方法

1. 库存现金的清查

库存现金的清查是指采用实地盘点的方法对人民币和各种外币的清查，确定库存现金的实有数，再与现金日记账的账面余额进行核对，以查明账实是否相符及盈亏情况。

清点库存现金时，出纳人员必须在场以明确责任，清查时应注意有无白条抵库、挪用现金、库存现金超限额等不法行为。盘点结束，应填写库存现金盘点报告表（见表5-1-2），由盘点人、出纳员、负责人共同签章。

表 5-1-2　库存现金盘点报告表

单位名称：　　　　　　　　　　　　　　年　月　日

实存金额	账存金额	对比结果		备注
		盘盈	盘亏	

负责人：　　　　　　　　　　盘点人：　　　　　　　　　　出纳员：

实际工作中，现金的收支业务很频繁且易出错，出纳员应每日进行库存现金的清查，做到日清日结，这种清查一般由出纳员在每日工作结束之前，将现金日记账当日账面结存数额与库存现金实际盘点数额进行核对，以此检查当日工作准确与否，确保每日账实相符。

2. 银行存款的清查

银行存款的清查是通过与单位开户银行核对账目记录的方法进行的。它与实物、库存现金清查所使用的方法不同。银行存款的清查按以下步骤进行：①根据经济业务，结算凭证的种类、号码和金额等资料，逐日逐笔核对银行存款日记账和银行对账单，凡双方都有记录的，用铅笔在金额旁打上记号"√"；②找出未达账项（即银行存款日记账和银行对账单中没有打"√"的款项）；③将日记账和对账单的月末余额及找出的未达账项填入银行存款余额调节表，并计算出调整后的余额；④将调整平衡的银行存款余额调节表，经主管会计签章后，送达开户银行。

所谓未达账项，是指企业和银行由于凭证传递时间、记账时间不一致，造成一方已登记入账，而另一方尚未登记入账的款项。

企业的未达账项通常有四种情况：

(1) 企业已收款入账，银行未收款入账；
(2) 企业已付款入账，银行未付款入账；
(3) 银行已收款入账，企业未收款入账；
(4) 银行已付款入账，企业未付款入账。

以上任何一种情况的出现，都会造成企业银行存款日记账与开户银行对账单上的余额不相符。因此，在逐笔核对时若双方账上没有错记、漏记的业务，应注意有无未达账项。如果发现存在未达账项，必须根据未达账项及有关数据编制银行存款余额调节表，再通过该表检验双方余额是否一致。

情境引例

【案例 5-1-1】 2023 年 4 月 30 日,盛华公司银行存款日记账的账面余额为 135 000 元,银行对账单余额为 149 700 元,经核对记账无差错,但发现下列未达账项:

(1)4 月 28 日,公司采购原材料开出转账支票一张,计 3 000 元,公司已作为银行存款支付,银行尚未收到支票而未入账。

(2)4 月 29 日,银行代公司收回货款 12 000 元,公司未收到收款通知。

(3)4 月 29 日,公司销售产品收到转账支票一张,计 1 500 元,公司将支票存入银行,银行尚未办理入账手续。

(4)4 月 30 日,公司开出现金支票一张,计 2 000 元,银行尚未入账。

(5)4 月 30 日,银行代公司付水电费 1 800 元,公司尚未收到通知入账。

(6)4 月 30 日,银行付给公司存款利息 1 000 元,银行登记入账,公司未收到收款通知,未入账。

【要求】 根据以上情况,编制银行存款余额调节表(见表 5-1-3)。

表 5-1-3　银行存款余额调节表

2023 年 4 月 30 日　　　　　　　　　　　　　　　　　　单位:元

项　目	金　额	项　目	金　额
企业银行存款日记账余额	135 000	银行对账单余额	149 700
加:银行已收,企业未收 (2)代收货款 (6)银行存款利息	 12 000 1 000	加:企业已收,银行未收 (3)存入转账支票	 1 500
减:银行已付,企业未付 (5)银行代付水电费	 1 800	减:企业已付,银行未付 (1)开出转账支票 (4)开出现金支票	 3 000 2 000
调节后的存款余额	146 200	调节后的存款余额	146 200

> **温馨提示**:银行存款余额调节表不是记账凭证,不能据以调整账簿记录,必须在收到有关凭证后,才能进行账务处理。

调整后的存款余额相等,一般情况下可以说明双方账面记录无误。如果调整后的存款余额不等,说明双方账面记录有差错,需进一步核对账目,查找原因,并加以更正。银行存款余额调节表中调整后的余额是本单位可以动用的银行存款实有数。

情境训练

【资料】 2023年5月31日,智科公司银行存款日记账的账面余额为31 000元,开户银行送达的对账单公司存款余额为36 000元。经逐笔核对,发现下列未达账项:

(1)28日,公司销售产品收到转账支票一张计2 000元,将支票存入银行,公司已增加银行存款,银行尚未办理入账手续。

(2)29日,银行代智科公司收回货款8 000元,银行已经入账,收款通知尚未到达该公司,该公司尚未入账。

(3)30日,公司开出现金支票一张计1 500元,公司已减少银行存款,银行尚未入账。

(4)30日,银行代付电费2 500元,付款通知尚未到达该公司,公司尚未入账。

【要求】 根据以上资料编制银行存款余额调节表,并指出公司月末可动用的银行存款实有数额。

3. 实物资产清查

实物资产的清查主要是指对存货(原材料、辅助材料、低值易耗品、在产品、库存商品等)和固定资产的清查。清查应从数量和质量两方面进行。由于各种财产物资的实物形态、体积、重量、存放方式等不尽相同,因而应采用不同的清查方法。

实物清查的方法通常有两种,即实地盘点法和技术推算法。

(1)实地盘点法。

实地盘点是通过逐一清点或用计量器具确定实物的实存数量。这种方法计量准确、直观,适用范围较大,对大多数财产物资的清查都可以采用。

(2)技术推算法。

技术推算法对于财产物资不是逐一清点计数,而是通过量方、计尺等方法,结合有关数据,推算出财产物资的实际结存数量。对于那些大量、成堆难以逐一清点的物资,一般采用这种方法。

对于实物质量的检查方法,可根据不同的实物采用不同的方法,如有的物资采用物理方法,有的物资采用化学方法进行检验。

为了明确经济责任,在进行盘点时,实物保管人员必须在场并参加盘点工作。盘点的结果,应如实地登记在盘存单(见表5-1-4)上,并由盘点人员和实物保管人员签章。盘存单是记录实物盘点结果的书面证明,也是反映财产物资实有数的原始凭证。

表 5-1-4　盘存单

单位名称：　　　　　　盘点时间：　　　　　　编号：
财产类别：　　　　　　存放地点：　　　　　　金额单位：

编号	名称	计量单位	数量	单价	金额	备注

盘点人：　　　　　　保管人：

为了进一步查明实际盘点后的结果与账簿的账面结存数是否一致，在盘存单填制审核完毕后，应将其与有关账簿记录进行核对，然后将核对结果填入实存账存对比表（见表 5-1-5），确定盘盈或盘亏情况。实存账存对比表也是用于调整有关账簿记录的原始单据，是确定有关人员经济责任的依据。

表 5-1-5　实存账存对比表

年　月　日　　　　　　　　　　　　　　　　　编号：

编号	类别名称	计量单位	单价	实存		账存		盘盈		盘亏	
				数量	金额	数量	金额	数量	金额	数量	金额

会计主管（签章）　　　　　　复核（签章）　　　　　　制表（签章）

对于委托外单位加工、保管的财产物资，租出的包装物、固定资产等，可以按照有关账簿的账面结存数，通过信函等方式与对方进行核查，确定账实是否相符。

4. 往来款项的清查

往来款项主要包括各种应收、应付款项和预收、预付款项。往来款项的清查，主要采用同对方单位发函询证的方法。

清查单位应在检查本单位各项结算往来款项账目正确、完整的基础上，编制往来款项对账单（见图 5-1-1）送交对方单位进行核对。如果对方单位核对相符，应在回单上盖章后退回；如果数字不符，则应将不符的情况在回单上注明，或另抄对账单退回，以便进一步清查。在核对过程中，如果发现未达账项，双方都应采用调节账面余额的办法核对往来款项是否相符。同时，还应查明有无双方发生争议的款项、没有希望收回的款项以及无法支付的款项，以便及时采取措施，避免或减少坏账损失。

温馨提示：对往来款项的清查，除了核查款项账目的金额外，还应注意债权债务的账龄，以便重点管理，尽量减少坏账、呆账。

往来款项对账单

××单位：

你单位于20××年×月×日购入我单位甲产品2 500件，已付货款30 000元，尚有20 000元货款未付，请核对后将回联单寄回。

××单位：（盖章）
20××年×月×日

沿此虚线裁开，将以下回单联寄回！

往来款项对账单（回联）

××清查单位：

你单位寄来的"往来款项对账单"已经收到，经核对相符无误（或不符，应注明具体内容）。

××单位：（盖章）

图 5-1-1　往来款项对账单

动脑筋：为什么会出现未达账项现象？分析银行存款余额调节表对单位所起的作用。

（三）财产清查结果的处理步骤

对财产清查中所发现的财产盘盈、盘亏和毁损，应及时调整账面记录，以保证账实相符。具体处理应分两步进行，如表 5-1-6 所示。

表 5-1-6　财产清查结果的处理步骤

审批前	根据清查中取得的原始凭证编制记账凭证，据以登记有关账簿，使有关财产物资的账面结存数与实地结存数一致，并反映出待处理的财产物资的损溢情况
审批后	根据审批处理意见，填制相应的记账凭证，并据此计入有关账簿，结清待处理财产物资的数额

（四）财产清查结果的账务处理

为了反映和监督企业在财产清查中查明的各种财产物资的盘盈、盘亏和毁损及其处理情况，应设置"待处理财产损溢"账户（见图5-1-2）。

"待处理财产损溢"账户是一个双重性质的资产类账户，下设"待处理流动资产损溢"和"待处理非流动资产损溢"两个明细分类账户进行明细分类核算。

专题五 对账和结账

借方	待处理财产损溢	贷方
财产物资的盘亏、毁损额 转销已处理财产物资的盘盈数	财产物资的盘盈数 转销已处理财产物资的盘亏、毁损额	

图 5-1-2 "待处理财产损溢"账户

企业清查的各种财产的盘盈、盘亏和毁损在期末结账前处理完毕，所以，"待处理财产损溢"账户在期末结账后没有余额。

1. 现金盘盈的账务处理

库存现金盘盈时，应及时办理库存现金的入账手续，调整库存现金账簿记录，即按盘盈的金额借记"库存现金"科目，贷记"待处理财产损溢——待处理流动资产损溢"科目。

对于盘盈的库存现金，应及时查明原因，按管理权限报经批准后，按盘盈的金额借记"待处理财产损溢——待处理流动资产损溢"科目，按需要支付或退还他人的金额贷记"其他应付款"科目，按无法查明原因的金额贷记"营业外收入"科目。

情境引例

【案例5-1-2】盛华公司在财产清查中，发现库存现金长款15元，其原因无法查明，按管理权限报经批准，列作营业外收入。

库存现金盘盈时，会计分录如下：

借：库存现金　　　　　　　　　　　　　　　　　　　　　15
　　贷：待处理财产损溢——待处理流动资产损溢　　　　　　　　　15

经批准后，会计分录如下：

借：待处理财产损溢——待处理流动资产损溢　　　　　　　15
　　贷：营业外收入　　　　　　　　　　　　　　　　　　　　　　15

2. 现金盘亏的账务处理

库存现金盘亏时，应及时办理盘亏的确认手续，调整库存现金账簿记录，即按盘亏的金额借记"待处理财产损溢——待处理流动资产损溢"科目，贷记"库存现金"科目。

对于盘亏的库存现金，应及时查明原因，按管理权限报经批准后，按可收回的保险赔偿和过失人赔偿的金额借记"其他应收款"科目，按管理不善等原因造成净损失的金额借记"管理费用"科目，按自然灾害等原因造成净损失的金额借记"营业外支出"科目，按原记入"待处理财产损溢——待处理流动资产损溢"科目借方的金额贷记本科目。

【案例5-1-3】 盛华公司在财产清查中发现库存现金短缺20元,经查,短缺是出纳人员工作疏忽造成的,应由其负责赔偿。

库存现金盘亏时,会计分录如下:

借:待处理财产损溢——待处理流动资产损溢　　　　　　　　20
　　贷:库存现金　　　　　　　　　　　　　　　　　　　　　　20

经批准后,会计分录如下:

借:其他应收款——出纳人员　　　　　　　　　　　　　　　20
　　贷:待处理财产损溢——待处理流动资产损溢　　　　　　　　20

如果上述短款是由于管理不善造成的,经报批核销时,编制会计分录如下:

借:管理费用　　　　　　　　　　　　　　　　　　　　　　20
　　贷:待处理财产损溢——待处理流动资产损溢　　　　　　　　20

3. 存货清查结果的账务处理

存货盘盈时,应及时办理存货入账手续,调整账簿的实存数。盘盈的存货应按其重置成本作为入账价值借记"原材料""库存商品"等科目,贷记"待处理财产损溢——待处理流动资产损溢"科目。

对于盘盈的存货,应及时查明原因,按管理权限报经批准后,冲减"管理费用"科目,按其入账价值,借记"待处理财产损溢——待处理流动资产损溢"科目,贷记"管理费用"科目。

【案例5-1-4】 盛华公司在清查过程中,发现盘盈A材料一批,按同类存货的市场价格,估计其成本为1 000元。会计分录为:

借:原材料——A材料　　　　　　　　　　　　　　　　　1 000
　　贷:待处理财产损溢——待处理流动资产损溢　　　　　　　1 000

经查盘盈的存货属计量不准造成,按规定可冲减管理费用。经上报审核批准后,编制会计分录如下:

借:待处理财产损溢——待处理流动资产损溢　　　　　　　1 000
　　贷:管理费用　　　　　　　　　　　　　　　　　　　　1 000

存货盘亏时,应按盘亏的金额借记"待处理财产损溢——待处理流动资产损溢"科目,贷记"原材料""库存商品"等科目。涉及增值税的,还应考虑进项税额的问题。

对于盘亏的存货,应及时查明原因,按管理权限报经批准后,由保险公司或过失人赔偿的金额借记"其他应收款"科目;因管理不善等原因造成的净损失金额借记"管理费用"科目;

因自然灾害等原因造成净损失的金额借记"营业外支出"科目,按原记入"待处理财产损溢——待处理流动资产损溢"科目借方的金额贷记本科目。

情境引例

【案例5-1-5】盛华公司在财产清查过程中,发现短缺A产品600千克,单位成本20元,经查属于定额内正常损耗。

存货盘亏时,会计分录为:

借:待处理财产损溢——待处理流动资产损溢　　　　　　　　　　12 000
　　贷:库存商品——A产品　　　　　　　　　　　　　　　　　　　　12 000

经批准后,定额内损耗作为管理费用处理,会计分录为:

借:管理费用　　　　　　　　　　　　　　　　　　　　　　　　12 000
　　贷:待处理财产损溢——待处理流动资产损溢　　　　　　　　　　12 000

【案例5-1-6】盛华公司发生非正常损失B材料500吨,每吨买价300元,根据购货发票列有增值税进项税额19 500元,批准对损失部分列入营业外支出。会计分录为:

借:待处理财产损溢——待处理流动资产损溢　　　　　　　　　　169 500
　　贷:原材料——B材料　　　　　　　　　　　　　　　　　　　　150 000
　　　　应交税费——应交增值税(进项税额转出)　　　　　　　　　　19 500

批准后列营业外支出,会计分录为:

借:营业外支出　　　　　　　　　　　　　　　　　　　　　　　169 500
　　贷:待处理财产损溢——待处理流动资产损溢　　　　　　　　　　169 500

4. 往来款项清查结果的处理

在财产清查中发现的长期不清的往来款项,应当及时清理,对于经查明确实无法支付的应付款项和无法收回的应收款项,可按规定程序报经批准后,分别转作营业外收入和列作坏账损失或管理费用(不提取坏账准备的企业)。

情境引例

【案例5-1-7】盛华公司在财产清查中,查明应付某单位的货款1 300元确实无法支付,经批准转作营业外收入。会计分录如下:

借:应付账款　　　　　　　　　　　　　　　　　　　　　　　　1 300
　　贷:营业外收入　　　　　　　　　　　　　　　　　　　　　　1 300

【案例5-1-8】盛华公司在财产清查中,查明应收某单位的货款30 000元,已近8年,经再三催要只收回25 000元,转存开户银行,其余5 000元作为坏账损失。

收回的 25 000 元，存入银行时，编制会计分录为：

借：银行存款   25 000
    贷：应收账款   25 000

不能收回的 5 000 元，作为坏账损失处理，编制会计分录为：

借：坏账准备   5 000
    贷：应收账款   5 000

情境训练

【资料】智科公司 2023 年年终进行财产清查，在账实清查中发现以下问题：

(1) 盘亏乙种材料 400 千克，每千克 20 元。经查由于自然灾害，造成乙材料损失，向保险公司索赔 5 000 元，其余可转作营业外支出。

(2) 盘亏#01 产成品 6 件，每件 35 元。经查产品损失，属有关人员失职造成的，应由其负责赔偿。

【要求】根据以上在账实清查中的问题，编制审批前、后的会计分录。

四、错账的更正方法

(一) 错账查找方法

在记账过程中，可能发生各种各样的差错，产生错账的原因很多，如重记、漏记、数字颠倒、数字错位、数字记错、科目记错、借贷方向记反等，从而影响会计信息的准确性，所以会计人员应及时找出差错并予以更正。错账的查找方法主要有差数法、尾数法、除 2 法、除 9 法。

1. 差数法

如：

借：应付账款——光明公司   1 170
    贷：银行存款   1 170

如果会计人员在记账过程中漏记了"应付账款——光明公司"1 170 元，那么在"应付账款"科目总账和明细账核对时，总账借方余额就会比明细账的借方余额多 1 170 元。对于这样的差错，可由会计人员通过回忆相关金额的记账凭证进行查找。

2. 尾数法

如果账簿发生的差错只是角或分，可以只检查元以下的尾数，以提高查错的效率。

3. 除 2 法

除 2 法是指以差数除以 2 来查找错账的方法。如当借方和贷方科目记反时，导致错账的差数为错记金额的 2 倍，将此差数用 2 除，得出的商就是错记的数额。如"应付账款——光明公司"科目借方 1 170 元误记入贷方，则该科目明细账的期末余额将小于其总账期末余额 2 340 元，被 2 除的商 1 170 元就是借贷方向记反的金额。

4. 除 9 法

除 9 法是指以差数除以 9 来查找错账的方法。这种方法主要适用于数字错位和相邻数字颠倒所引起的差错。

（1）数字错位。在登记账簿时，会计人员会经常出现错位的错误，如把 800 记成 80，或把 80 记成 800。第一种情况，将 800 误记成 80，把数记小了，这样对账结果会出现 720 元的差数，用 720 除以 9，商为 80，扩大 10 倍后就可得到正确的数字 800；第二种情况，将 80 误记成 800，把数记大了，这样对账结果也会出现 720 元的差数，用 720 除以 9，商为 80 就是应记录的正确数额。

（2）邻数颠倒。记账时会出现相邻的数字顺序颠倒的错误，如将 72 记成 27，对账结果会出现 45 的差数，将差数除以 9，得出商为 5，然后，连加 11 为 16、27，如有 27 数字的业务，就可能是颠倒的数字。

（二）错账更正方法

会计人员在登记账簿过程中，由于种种原因可能会出现账簿登记错误的现象。一旦账簿记录发生错误，应及时查找出错误，并按规定的方法进行更正，严禁刮擦、挖补、涂改或者用药水消除字迹。错账的更正方法一般有划线更正法、红字更正法、补充登记法三种。

1. 划线更正法

划线更正法（见图 5-1-3）是指将错误的文字或数字画线注销再予以更正的方法。这种方法适用于记账凭证正确，只是由于登账时发生文字或数字错误。其更正步骤如下：

（1）先将错误的文字或数字用一条单红线划去，表示注销。要注意的是文字错误可以只注销错字，但数字错误必须将整笔数字划掉，不能只划掉个别写错的数字，并且应保证被划去的数字、文字清晰可辨，以备考查。

（2）在红线的上方写上正确的文字或数字。

（3）记账人员及相关人员在更正处盖章，以示负责。

管理费用 明细账 SUBSIDIARY LEDGER

账号 A/C.NO. 6602　　　　　　　　　　　　　第 17 页　连续第　页

2023年		凭证字号	摘要	借方									
月	日			合计			工资		折旧		办公费		其他
11	18		承前页	2 1 6 0 8 0 8 0							2 1 6 0 8 0 8 0		
	18	银付18	付办公用品款	5 8 6 9 5 0 ~~5 8 9 6 5 0~~							5 8 6 9 5 0 ~~5 8 9 6 5 0~~		

图 5-1-3　划线更正法

2. 红字更正法

红字更正法也称红字冲账法，是指通过编制红字记账凭证冲销错误的记账凭证，以更正账簿记录的一种方法。这种方法分为全部冲销和部分冲销两种情况。

（1）全部冲销法。

全部冲销法是指将需要更正的错账全部用红字冲销，然后补制一张正确的记账凭证的一种更正方法。更正的方法是：填制一张与原错误记账凭证内容相同的红字记账凭证，并在摘要栏注明"注销×年×月×日第×号凭证"，并据以登账，冲销错误记录。然后用蓝字填制一张正确的记账凭证并记账，同时在摘要内注明"更正×年×月×日第×号凭证"。

全部冲销法适用于记账凭证中的科目错误或记账方向错误，并已根据错误的记账凭证登记入账的情况。

情境引例

【案例5-1-9】盛华公司2023年5月生产车间领用A材料5 000元。

编制凭证时误编为如下会计分录，并已登账。

借：生产成本　　　　　　　　　　　　　　　　　　　　　　5 000
　　贷：原材料　　　　　　　　　　　　　　　　　　　　　　　　5 000

当发现该错误时，先填制一张与错误凭证内容相同的红字凭证并据以登账，冲销错误记录。

借：生产成本　　　　　　　　　　　　　　　　　　　　　　5 000
　　贷：原材料　　　　　　　　　　　　　　　　　　　　　　　　5 000

然后用蓝字编制一张正确的记账凭证，并据以登账。

借：制造费用　　　　　　　　　　　　　　　　　　　　　　5 000
　　贷：原材料　　　　　　　　　　　　　　　　　　　　　　　　5 000

（2）部分冲销法。

部分冲销法是在记账凭证及账户对应关系和记账方向正确，但所记金额大于应记金额时，将多记金额部分用红字冲销的一种更正方法。更正的方法是：按多记金额用红字编制一张与原记账凭证应借应贷会计科目相同的记账凭证，在摘要栏内注明"冲销×年×月×日第×号凭证多记金额"，并据以登账，以冲销多记金额。

部分冲销法适用于记账凭证中的科目、记账方向都没有错误，只是所记金额比应记金额多记并已登账的情况。

情境引例

【案例5-1-10】盛华公司2023年5月生产车间领用A材料5 000元。

编制凭证时误编为如下会计分录，并已登账。

借：制造费用　　　　　　　　　　　　　　　　　　　　　　50 000
　　贷：原材料　　　　　　　　　　　　　　　　　　　　　　　　50 000

当发现该错误时，应将多记的金额编制如下红字凭证，并据以登账。

借：制造费用　　　　　　　　　　　　　　　　　　　　　　45 000
　　贷：原材料　　　　　　　　　　　　　　　　　　　　　　　　45 000

3. 补充登记法

补充登记法是指编制蓝字记账凭证补记错误凭证少记金额，以更正账簿记录的方法。更正的方法是：按少记金额用蓝字编制一张应借、应贷科目与错误记账凭证相同的记账凭证，在摘要栏内注明"补记×年×月×日第×号凭证少记金额"，并据以登账，以补充少记的金额。

补充登记法适用于记账凭证中的科目、记账方向都没有错误，只是所记金额比应记金额少记并已登账的情况。

情境引例

【案例5-1-11】盛华公司生产车间生产A产品领用原材料6 500元。

根据有关原始凭证，填制记账凭证，并据此登记入账。

借：生产成本　　　　　　　　　　　　　　　　　　　　　　5 600
　　贷：原材料　　　　　　　　　　　　　　　　　　　　　　　　5 600

核对时，发现原记账凭证记录中误将6 500元写为5 600元，少记900元，并已登记在账簿中。这类错误应使用补充登记法，按少计金额900元，用蓝字编制记账凭证，补充登记入账。

借：生产成本 900
　　贷：原材料 900

【资料】智科公司以库存现金896元购买办公用品。

(1) 会计人员在填制记账凭证时发生错误，并根据错误的记账凭证登记了账簿。错误的会计分录为：

借：管理费用 896
　　贷：银行存款 896

(2) 如果会计人员填制记账凭证时所使用的会计科目及记账方向没有错误，只是将金额896元误记为986元，并登记入账，错误的会计分录为：

借：管理费用 986
　　贷：库存现金 986

(3) 如果会计人员填制记账凭证时所使用的会计科目及记账方向没有错误，只是将金额896误记为689元，并登记入账，错误的会计分录是：

借：管理费用 689
　　贷：库存现金 689

【要求】请分析以上三种情况，并进行错账的更正。

学习情境二　结　账

情境导入

对账工作的开展保证了账证相符、账账相符、账实相符，它为结账工作做好了充分的准备。各企业、行政事业单位必须按照会计法的规定定期结账。同学们，你知道如何进行结账吗？下面，让我们一起来学习吧！

知识学习

一、结账的内容

结账是指在把一定时期内所发生的全部经济业务登记入账的基础上，将各类账簿记录核算完毕，结出各种账簿本期发生额合计和期末余额的一项会计核算工作。结账的内容通常包括两个方面：一是结清各种损益类账户，并据以计算确定本期利润；二是结清各资产、负债和所有者权益类账户，分别结出本期发生额合计和期末余额。

二、结账的程序

(一)结账前将本期发生的经济业务事项全部登记入账，并保证其正确性

(1)不能为赶制会计报表提前结转。

(2)不得把本期发生的经济业务事项延至下期登账。

(3)不能先编制会计报表后结转有关损益类账户。

(二)根据权责发生制的要求，调整有关账项，合理确定本期应计的收入和应计的费用

(1)应计收入的调整。符合收入确认条件，已在本期实现、而款项未收的收入应确认为本期收入。

(2)应计费用的调整。已经发生但尚未支付的费用应确认为本期费用。

(3)收入分摊调整。企业已经收取相关款项，但尚未完成销售商品或提供劳务等事项，需在期末按本期已完成的比例，分摊确认本期已实现收入的金额，来调整预收款项时形成的负债。

(4)成本分摊调整。为了正确计算各个会计期间的盈亏情况，企业应将已发生且能使若干会计期间受益的支出在其受益的会计期间进行合理分配。

三、结账的方法

结账可分为日结、月结、季结、年结。

(一)每日结账(日结)

结账

每日结账，主要是针对库存现金和银行存款日记账，出纳人员每天业务终了，需要结出它们的余额，并与库存现金的实有数额进行核对，以检查账实是否相符，做到日清日结。

(二)月度结账(月结)

月度结账(见图5-2-1)，即在每月终了时的结账。月结的方法是：在本月最后一笔经济业务的记载下面画一条通栏红线，表示本月结束，然后在红线下面的一行摘要栏内注明"本月合计"或"本期发生额及余额"字样，在借方、贷方、余额三栏分别计算出本月借方发生额合计、贷方发生额合计和结余数额，最后在此行下面再画一条通栏红线，表示完成月结工作。

应　交　税　费

本账页数
本户页数

未交增值税　科目

2023年		凭证		摘要	借方	贷方	借/贷	余额
月	日	字	号		亿千百十万千百十元角分	亿千百十万千百十元角分		亿千百十万千百十元角分
1	1			上年结转			贷	7756 3800
1	7		3	上缴1月份增值税	7756 3800		平	0
				本月合计	7756 3800		平	0
2	3			发生税费		8612 000	贷	8612 000
2	7		8	上缴2月份增值税	7756 3800		借	6895 1800
				本月合计	7756 3800		借	6895 1800
3	3		6	上缴11月个税	8612 000		借	7756 3800
3	26		15	代扣个人所得税		1276 6420	借	6479 7380
				本月合计	8612 000	2137 8420	借	6479 7380
				本季合计			借	6479 7380

图 5-2-1　月结、季结

(三)季度结账(季结)

季度结账(见图 5-2-1),即在每季度终了时的结账。季结的方法是:在每季度最后一个月的月度结账的下一行摘要栏注明“本季合计”或“本季度发生额及余额”字样,在借方、贷方、余额三栏分别计算出本季度借方、贷方发生额合计数和季末余额,然后在此行下面画一条通栏红线,表示完成季结工作。

(四)年度结账(年结)

年度结账(见图 5-2-2),即每年年末进行的结账。年度终了结账时,所有总账账户都应当结出全年发生额和年末余额。年结的方法是:在本年最后一个季度的季度结账的下一行摘要栏注明“本年合计”或“本年发生额及年末余额”字样,在借方、贷方、余额三栏分别计算出本年度借方、贷方发生额合计数和年末余额,然后在此行下面画两条通栏红线,表示全年登账工作至此全部结束。

库存现金

2023年		凭证		摘要	日页	借方	贷方	借或贷	余额
月	日	种类	号数						
				承前页		21744100	21711000	借	113000
11	20	记汇	32	11—20日发生额		1920000	2010000	借	23000
	30	记汇	33	21—30日发生额		101000		借	124000
12	10	记汇	34	1—10日发生额		108000	90000	借	142000
	20	记汇	35	11—20日发生额		1728000	1809000	借	61000
	31	记汇	36	21—31日发生额		90900		借	151900
				本年合计		25692000	25620000	借	151900
				结转下年					

图 5-2-2　年结

动脑筋:有余额的账户,如何进行年度结账呢?

四、账簿更换

年度终了需更换新的账簿。年度结账以后,将本年度账簿中有余额的账户结转到下一会计年度对应的新账簿中去,然后将本年度的全部账簿整理归档。

会计账簿的更换通常在新会计年度建账时进行,具体规定如下:

(1)一般来说,总账、日记账和多数明细账应每年更换一次。

(2)财产物资明细账和债权债务明细账由于材料品种、规格和往来单位较多,更换新账时重抄的工作量较大,因此,不必每年度更换。

(3)对于变动较小的明细账可以连续使用,不必每年更换。

(4)各种备查账簿也可以连续使用。

学习评价

专题五	学习目标	自评	他评
对账和结账	1. 掌握对账和结账的方法(40分)		
	2. 能通过对账工作改善登账的质量,能在期末进行结账(40分)		
	3. 形成做事程序化、有条不紊的风格(20分)		
	合计		

素质课堂

关于印发《会计人员职业道德规范》的通知

财会[2023]1号

各省、自治区、直辖市、计划单列市财政厅(局),新疆生产建设兵团财政局,中直管理局财务管理办公室,国管局财务管理司,中央军委后勤保障部财务局:

为贯彻落实党中央、国务院关于加强社会信用体系建设的决策部署,推进会计诚信体系建设,提高会计人员职业道德水平,根据《中华人民共和国会计法》《会计基础工作规范》,财政部研究制定了《会计人员职业道德规范》(以下简称《规范》),现予印发。

一、坚持诚信,守法奉公。牢固树立诚信理念,以诚立身、以信立业,严于律己、心存敬畏。学法知法守法,公私分明、克己奉公,树立良好职业形象,维护会计行业声誉。

二、坚持准则，守责敬业。严格执行准则制度，保证会计信息真实完整。勤勉尽责、爱岗敬业，忠于职守、敢于斗争，自觉抵制会计造假行为，维护国家财经纪律和经济秩序。

三、坚持学习，守正创新。始终秉持专业精神，勤于学习、锐意进取，持续提升会计专业能力。不断适应新形势新要求，与时俱进、开拓创新，努力推动会计事业高质量发展。

专题六

财务报表的编制

通过前面的学习，同学们已掌握了正确的记账、对账和结账的方法。只有正确无误，会计账簿才能全面记录和反映一个单位的经济业务，并把大量分散的数据或资料进行归类整理，逐步加工成有用会计信息的簿籍，它是编制财务报表的重要依据。财务报表是信息提供者和信息使用者之间的重要桥梁，是了解企业财务状况、经营结果的重要信息来源，财务报表的质量关系到企业的健康发展，关系到资本市场的健康发展。

学习目标

知识目标：
1. 了解财务报表的概念、种类及编制要求；
2. 理解资产负债表和利润表的概念、结构以及编制依据；
3. 熟练掌握资产负债表和利润表的编制方法。

能力目标：
1. 能够做好编制财务报表前各项资料的准备工作，会应用数据资料计算财务报表中的各项目；
2. 能够正确编制资产负债表和利润表。

情感目标：
1. 培养学生的会计思维方式；
2. 培养学生认真的学习态度以及严谨细致的工作作风；
3. 培养学生不怕吃苦、艰苦奋斗的精神。

学习情境一　财务报表的认知

情境导入

在会计实际工作中，会计人员通过取得或填制原始凭证、编制记账凭证和登记账簿对企业发生的经济业务进行详细的信息记录、分类和综合反映，但是这些都是按专业标准形成的资料，不是所有人都能理解的，这就需要通过编制财务报表向社会、上级部门及相关管理部门披露相关会计信息。同学们，你知道什么是财务报表吗？下面，让我们一起来学习吧！

知识学习

一、认识财务报表

（一）财务报表的概念

财务报表，又称财务会计报表，是指对企业财务状况、经营成果和现金流量的结构性表述。

认识财务报表

（二）财务报表的组成

1. 资产负债表

资产负债表是反映企业在某一特定日期的财务状况的财务报表，是对企业特定日期的资产、负债和所有者权益的结构性表述。

2. 利润表

利润表，又称损益表，是反映企业在一定会计期间的经营成果的报表。

3. 现金流量表

现金流量表是反映企业在一定会计期间现金和现金等价物流入和流出的报表。

4. 所有者权益变动表

所有者权益变动表是反映构成所有者权益各组成部分当期增减变动情况的报表。

专题六　财务报表的编制

5. 附注

附注是对在资产负债表、利润表、现金流量表和所有者权益变动表等报表中列示项目的文字描述或明细资料，以及对未能在这些报表中列示项目的说明等。

本教材重点介绍资产负债表和利润表的编制。

（三）财务报表的意义

企业在日常的会计核算中，对其经营过程中所发生的各项经济业务，分别通过设置账户、复式记账、填制和审核凭证、登记账簿、成本计算、财产清查等会计核算方法，反映在各种会计账簿中。会计账簿资料是根据会计凭证分类汇总登记的，虽然比会计凭证反映的信息更条理化、系统化，但就其某一会计期间的经营过程整体而言，它所提供的会计信息仍然是不完整和相对分散的。因此能全面、总括地反映企业财务状况、经营成果、现金流量的财务报表对于企业本身和外界利害相关者都有着非常重要的意义，具体体现在几个方面：

（1）财务报表是与企业有经济利害关系的外部单位和个人了解企业的财务状况和经营成果，并据以作出决策的重要依据。

（2）财务报表是国家经济管理部门进行宏观调控和管理的信息源。

（3）财务报表提供的经济信息是企业内部加强和改善经营管理的重要依据。

二、财务报表的分类

财务报表是企业财务会计报告的主要组成部分，财务报表可以按不同的标准划分类别，如表6-1-1所示。

表 6-1-1　财务报表的种类

按反映的经济内容不同分类	财务状况报表	资产负债表、现金流量表
	经营成果报表	利润表
按编报期间不同分类	年度财务报表	是指企业每年末以一个完整的会计年度（自公历1月1日起至12月31日止）编报的财务报表，包括资产负债表、利润表、现金流量表和所有者权益变动表和附注等内容，应于年度终了后4个月内对外提供
	中期财务报表	是指企业于半年末、季末、月末编报的财务报表，包括资产负债表、利润表、现金流量表和附注。半年度报表应于年度中期结束后60天内对外提供；季度报表应于季度终了后15天内对外提供；月度报表应于月度终了后6天内对外提供

续表

按编报主体不同分类	单独财务报表	是指由母公司、联合企业的投资者或共同控制主体中的合营者单独列报的财务报表
	合并财务报表	是指反映母公司和其全部子公司形成的企业集团整体财务状况、经营成果和现金流量的财务报表

三、财务报表的编制要求

为了充分发挥财务报表的作用，保证财务报表的质量，编制财务报表应做到数字真实、内容完整、报送及时。财务报表编制的基本要求如下。

(一)以持续经营为基础编制

企业应当以持续经营为基础，根据实际发生的交易和事项，按照《企业会计准则——基本准则》和其他各项会计准则的规定进行确认和计量，在此基础上编制财务报表。企业不应以附注披露代替确认和计量，不恰当的确认和计量也不能通过充分披露相关会计政策而纠正。

(二)按正确的会计基础编制

企业除现金流量表按照收付实现制编制外，其他财务报表应当按照权责发生制编制。

(三)至少按年编制财务报表

企业至少应当按年编制财务报表。年度财务报表涵盖的期间短于一年的，应当披露年度财务报表的涵盖期间、短于一年的原因以及报表数据不具可比性的事实。

(四)项目列报遵守重要性原则

项目的重要性要根据企业所处的具体环境，从项目的性质和金额两方面予以判断。判断项目性质的重要性，应当考虑该项目是否属于企业日常活动，是否显著影响企业的财务状况、经营成果和现金流量等因素；判断项目金额大小的重要性，应当考虑该项目金额占资产总额、所有者权益总额、营业收入总额、营业成本总额、净利润、综合收益总额等相关项目金额的比重或所属报表单列项目金额的比重。具有重要性的项目要单独列报，某些项目的重要性不足以在资产负债表、利润表、现金流量表或所有者权益变动表中单独列示，但对附注却具有重要性，则应当在附注中单独披露。

(五)保持各个会计期间财务报表项目列报的一致性

财务报表项目的列报应当在各个会计期间保持一致，除会计准则要求改变财务报表项目的列报或企业经营业务的性质发生重大变化的，不得随意变更。

(六)各项目之间的金额不得相互抵销

财务报表中的资产项目和负债项目的金额、收入项目和费用项目的金额、直接计入当期利润的利得项目和损失项目的金额不得相互抵销，但其他会计准则另有规定的除外。

(七)至少应当提供所有列报项目上一个可比会计期间的比较数据

当期财务报表的列报，至少应当提供所有列报项目上一个可比会计期间的比较数据，以及与理解当期财务报表相关的说明，但其他会计准则另有规定的除外。

(八)应当在财务报表的显著位置披露编撰企业的名称等重要信息

企业应当在财务报表的显著位置披露以下各项：编报企业的名称；资产负债表日或财务报表涵盖的会计期间；人民币金额单位；财务报表是合并财务的，应当予以标明。

四、财务报表编制前准备工作

在编制财务报表前，需要完成下列工作：严格审核会计账簿的记录和有关资料；进行全面财产清查、核实债务，并按规定程序报批，进行相应的会计处理；按规定的结账日进行结账，结出有关会计账簿的余额和发生额，并核对各会计账簿之间的余额；检查相关的会计核算是否按照国家统一的会计制度的规定进行；检查是否存在因会计差错、会计政策变更等原因需要调整前期或本期相关项目的情况等。

学习情境二　资产负债表的编制

情境导入

随着企业生产经营过程的不断进行，企业资金形态在不断发生变化，资金始终处于不断运动变化的过程中。要想知道企业某一时点的资产、负债及所有者权益的构成情况，分析其财务状况，会计人员就必须编制资产负债表。同学们，你知道怎么编制资产负债表吗？下面，让我们一起来学习吧！

知识学习

一、认识资产负债表

资产负债表又叫财务状况表，是反映企业在某一特定日期的财务状况的报表，是对企业特定日期的资产、负债和所有者权益的结构性表述。它反映企业在某一特定日期所拥有或控制的经济资源、所承担的现时义务和所有者对净资产的要求权。其中，特定日期分别指会计年度的年末及中期的月末、季末和半年末（6月30日）等；财务状况是指企业经营活动及其结果在某一特定日期的资金结构状况及其表现，表明企业取得资金的方式与来路和这些资金的使用状态与去向。

资产负债表所反映的是企业的财务状况，而企业的财务状况是能过"资产＝负债＋所有者权益"这一会计平衡公式来列示的。这一平衡公式直接决定着某个会计期末资产、负债、所有者权益所属项目的排列方式，形成了资产负债表特定的结构，通过这一结构所揭示的财务状况将为企业财务报表的使用者提供大量的会计资料。

（一）资产负债表的作用

(1) 资产负债表可以提供某一日期资产的总额及其结构，表明企业拥有或控制的资源及其分布情况，使用者可以一目了然地从资产负债表上了解企业在某一特定日期所拥有的资产总量及其结构。

(2) 资产负债表可以提供某一日期的负债总额及其结构，表明企业未来需要用多少资产或劳务清偿债务。

(3) 资产负债表可以反映企业所有者所拥有的权益，据以判断资本保值、增值的情况以及对负债的保障程度。

(4) 资产负债表还可以提供进行财务分析的基本资料，如将流动资产与流动负债进行比较，计算出流动比率；将速动资产与流动负债进行比较，计算出速动比率等，可以反映企业的变现能力、偿债能力和资金周转能力，从而有助于报表使用者作出经济决策。

（二）资产负债表的内容及结构

资产负债表由表头、表体和补充资料三个部分构成。

1. 表头

表头部分包括报表名称、编号、编制单位、编表时间和金额单位等内容。由于该表反映企业在某一时点的财务状况，属于静态报表，因此，一定要注明是某年某月某日的报表。

2. 表体

表体是资产负债表的主体部分，主要反映资产负债表各项目的内容。资产负债表包括资产、负债和所有者权益三个会计要素，采用左右账户式排列。报表的左方列示企业的各项资产，资产项目按照其流动性的大小（即变现能力的强弱）排列，流动性大的在前，流动性小的在后；报表的右方列示企业的各项负债和所有者权益，负债项目按照偿还期限的长短进行排列，期限短的在前，期限长的在后；所有者权益项目按其永久程度排列，永久程度高的在先，永久程度低的在后。报表左方的资产总计与报表右方的负债及所有者权益总计应保持平衡关系。资产负债表各项目均需填列"年初余额"和"期末余额"两栏。

3. 补充资料

补充资料包括附注和附列资料等内容，填列一些不能直接列入资产负债表的项目。如采用的主要会计处理方法、会计处理方法的变更情况、有关重要项目的明细资料等。

二、资产负债表的编制方法

(一)准备工作

(1)编制期末调整会计分录，做好企业期末的转账工作。
(2)将本月所发生的会计事项和月末的调整事项依据会计分录登记入账。
(3)结算出各账户的期末余额。

(二)编制方法

1. 根据总账科目余额填列

如"短期借款""资本公积"等项目，根据"短期借款""资本公积"各总账科目的余额直接填列；有些项目则需根据几个总账科目的期末余额计算填列，如"货币资金"项目，需根据"库存现金""银行存款""其他货币资金"三个总账科目的期末余额的合计数填列。

2. 根据明细账科目余额计算填列

如"预付款项"项目，需要根据"应付账款"科目借方余额和"预付账款"科目借方余额减去与"预付账款"有关的坏账准备贷方余额计算填列；"预收款项"项目，需要根据"应收账款"科目贷方余额和"预收账款"科目贷方余额计算填列；"开发支出"项目，需要根据"研发支出"科目中所属的"资本化支出"明细科目期末余额计算填列；"应付职工薪酬"项目，需要根据"应付职工薪酬"科目的明细科目期末余额计算填列；"一年内到期的非流动资产""一年内到期的非流动负债"项目，需要根据有关非流动资产和非流动负债项目的明细科目余额计算填列；"未分配利润"项目，需要根据"利润分配"科目中所属的"未分配利润"明细科目期末余额填列。

3. 根据总账科目和明细账科目余额分析计算填列

如"长期借款"项目，需要根据"长期借款"总账科目余额扣除"长期借款"科目所属的明细科目中将在一年内到期且企业不能自主地将清偿义务展期的长期借款后的金额计算填列；"其他非流动资产"项目，应根据有关科目的期末余额减去将于一年内(含一年)收回数后的金额计算填列；"其他非流动负债"项目，应根据有关科目的期末余额减去将于一年内(含一年)到期偿还数后的金额计算填列。

4. 根据有关科目余额减去其备抵科目余额后的净额填列

如资产负债表中"应收票据""应收账款""长期股权投资""在建工程"等项目，应当根据"应收票据""应收账款""长期股权投资""在建工程"等科目的期末余额，减去"坏账准备""长期股权投资减值准备""在建工程减值准备"等备抵科目余额后的净额填列；"投资性房地产""固定资产"项目，应当根据"投资性房地产""固定资产"科目的期末余额，减去"投资性房地产累计折旧""投资性房地产减值准备""累计折旧""固定资产减值准备"等备抵科目的期末余额，以及"固定资产清理"科目期末余额后的净额填列；"无形资产"项目，应当根据"无形资产"科目的期末余额，减去"累计摊销""无形资产减值准备"等备抵科目余额后的净额填列。

5. 综合运用上述填列方法分析填列

如资产负债表中的"存货"项目，需要根据"原材料""库存商品""委托加工物资""周转材料""材料采购""在途物资""发出商品""材料成本差异"等总账科目期末余额的分析汇总数，再减去"存货跌价准备"科目余额后的净额填列。

【特别提示】

需要经过分析计算填列的项目，填列方法汇总如表6-2-1所示。

表6-2-1　资产负债表填列方法汇总

项　目	填列方法
货币资金	库存现金+银行存款+其他货币资金
应收票据	应收票据–相应的坏账准备
应收账款	应收账款明细科目借方余额+预收账款明细科目借方余额–计提应收账款的坏账准备
预付账款	预付账款明细科目借方余额+应付账款明细科目借方余额–相应的坏账准备
应收利息	应收利息–相应的坏账准备
应收股利	应收股利–相应的坏账准备
其他应收款	其他应收款–相应的坏账准备
存货	材料采购(在途物资)+原材料(含材料成本差异)+发出商品+库存商品(含商品进销差价)+周转材料+委托加工物资+生产成本+制造费用+受托代销商品–受托代销商品款–存货跌价准备
一年内到期的非流动资产	根据有关非流动资产的明细科目余额分析填列
固定资产	固定资产–累计折旧–固定资产减值准备

续表

项　目	填列方法
在建工程	期末余额-已计提的减值准备
无形资产	无形资产-累计摊销-无形资产减值准备
应付账款	应付账款明细科目贷方余额+预付账款明细科目贷方余额
预收账款	应收账款明细科目贷方余额+预收账款明细科目贷方余额
一年内到期的非流动负债	根据有关非流动负债的明细科目余额分析填列
长期借款	长期借款-1年内到期的长期借款
未分配利润	"本年利润"贷方余额+"利润分配"贷方余额 "本年利润"借方余额+"利润分配"借方余额（以负数填列） "本年利润"贷方余额-"利润分配"借方余额或"利润分配"贷方余额-"本年利润"借方余额（若借方余额大于贷方余额，以负数填列）

情境引例

【案例6-2-1】盛华公司2023年12月31日全部总账科目的期末余额如表6-2-2所示。

表6-2-2　盛华公司总账科目余额

资产账户	借方余额/元	权益账户	贷方余额/元
库存现金	5 400	短期借款	80 000
银行存款	2 674 720	应付账款	309 100
应收账款	310 000	应付职工薪酬	457 752
应收票据	132 000	应交税费	243 478
在途物资	430 000	应付股利	50 430
原材料	190 000	实收资本	11 600 000
库存商品	3 345 800	本年利润	351 524
生产成本	75 000	利润分配	81 436
固定资产	6 000 800		
累计折旧	-390 000		
无形资产	400 000		
合计	13 173 720	合计	13 173 720

根据以上资料编制盛华公司2023年12月31日的资产负债表，如表6-2-3所示。

表 6-2-3　资产负债表

会企01表

编制单位：盛华公司　　　　　　　　　2023年12月31日　　　　　　　　　　单位：元

资产	期末余额	年初余额	负债和所有者权益(股东权益)	期末余额	年初余额
流动资产：			流动负债：		
货币资金	2 680 120	1 406 300	短期借款	80 000	300 000
应收票据	132 000	246 000	应付票据	0	200 000
应收账款	310 000	399 100	应付账款	309 100	954 800
预付款项	0	100 000	预收款项	0	0
应收利息	0	0	应付职工薪酬	457 752	110 000
应收股利	0	0	应交税费	243 478	36 600
其他应收款	0	305 000	应付利息	0	0
存货	4 040 800	2 580 000	应付股利	50 430	0
一年内到期的非流动资产	0	15 000	其他应付款	0	50 000
其他流动资产	0	0	一年内到期的非流动负债	0	1 000 000
流动资产合计	7 162 920	5 051 400	其他流动负债	0	0
非流动资产：			流动负债合计	1 140 760	2 651 400
长期股权投资	0	250 000	非流动负债：		
固定资产	5 610 800	800 000	长期借款	0	600 000
在建工程	0	1 500 000	其他非流动负债	0	0
工程物资	0	0	非流动负债合计	0	600 000
固定资产清理	0	0	负债合计	1 140 760	3 251 400
无形资产	400 000	600 000	所有者权益(或股东权益)：		
			实收资本(或股本)	11 600 000	5 000 000

续表

资产	期末余额	年初余额	负债和所有者权益(股东权益)	期末余额	年初余额
			资本公积	0	0
			减：库存股	0	0
			盈余公积	0	100 000
			未分配利润	432 960	50 000
其他非流动资产	0	200 000	所有者权益(或股东权益)合计	12 032 960	5 150 000
非流动资产合计	6 010 800	3 350 000			
资产总计	13 173 720	8 401 400	负债和所有者权益(或股东权益)总计	13 173 720	8 401 400

(1)有关报表项目的数据计算如下：

货币资金=5 400+2 674 720=2 680 120(元)

存货=430 000+190 000+3 345 800+75 000=4 040 800(元)

固定资产=6 000 800-390 000=5 610 800(元)

(2)其余项目直接填列。

情境训练

【资料】智科公司2023年12月31日部分总分类账户及明细账户的期末余额如表6-2-4所示。

表6-2-4 总分类账户余额

账户名称	借方余额/元	账户名称	贷方余额/元
库存现金	25 740	累计折旧	38 000
银行存款	124 800	短期借款	65 000
应收账款	150 000	应付账款	89 000
原材料	89 000	应付职工薪酬	560
库存商品	9 700	应交税费	3 400
生产成本	56 000	应付股利	10 000
固定资产	425 700	利润分配	8 600

续表

账户名称	借方余额/元	账户名称	贷方余额/元
无形资产	133 620	实收资本	800 000
合计	1 014 560		1 014 560

【要求】根据以上资料编制资产负债表。

学习情境三　利润表的编制

情境导入

企业管理层、上级部门及相关管理部门可以通过资产负债表对企业的总体状况有个大致的了解和认识。但同时他们还要对企业的经营能力有个大致的了解，比如，企业卖出多少产品、有多少利润、费用有多少？这些数据在利润表中体现。同学们，你知道利润表如何编制吗？下面，让我们一起来学习吧！

知识学习

一、认识利润表

利润表，又称损益表，是反映企业在一定会计期间经营成果的报表。它是在会计凭证、会计账簿等会计资料的基础上进一步确认企业一定会计期间经营成果的结构性表述，综合反映企业利润的实现过程和利润的来源及构成情况，是对企业一定会计期间经营业绩的系统总结。该表是根据"收入－费用＝利润"会计平衡公式，将一定会计期间（如年度、半年度、月份）营业收入与其同一会计期间的营业成本和费用进行配比，以计算出企业一定时期的净利润（或净亏损）。

(一)利润表的作用

利润表的作用表现为以下几个方面：

(1)利润表可以反映企业一定会计期间的收入实现情况，即实现的营业收入有多少、实现的投资收益有多少、实现的营业外收入有多少等。

(2)利润表可以反映一定会计期间的费用耗费情况，即耗费的营业成本有多少，税金及附加有多少，销售费用、管理费用、财务费用各有多少，营业外支出有多少等。

(3)利润表可以反映企业生产经营活动的成果，即净利润的实现情况，据以判断资本保值、增值情况。

(4)将利润表中的信息与资产负债表中的信息相结合，还可以提供进行财务分析的基本资料，便于财务报表使用者判断企业未来的发展趋势，作出经营决策。如将赊销收入净额与应收账款平均余额进行比较，计算出应收账款周转率；将销货成本与存货平均余额进行比较，计算出存货周转率；将净利润与资产总额进行比较，计算出资产收益率等。这些指标可以反映企业资金周转情况以及企业的盈利能力和水平。

(二)利润表的内容

通常，利润表主要反映以下几方面的内容：

(1)构成营业利润的各项要素：包括营业收入、投资收益、公允价值变动收益(损失)、营业成本、税金及附加、销售费用、管理费用、财务费用、资产减值损失。

(2)构成利润总额(或亏损总额)的各项要素：包括营业利润、营业外收入、营业外支出。

(3)构成净利润(或净亏损)的各项要素：包括利润总额和所得税费用。

(4)构成每股收益的各项要素：如基本每股收益和稀释每股收益。

(三)利润表的结构

利润表一般有表首、正表、补充资料三个部分，其中表首说明报表名称、编制单位、编制日期、报表编号、货币名称、计量单位等；正表是利润表的主体，反映形成经营成果的各个项目和计算过程；补充资料反映非经常性项目对利润总额的影响。

利润表正表的格式一般有两种，即单步式利润表和多步式利润表。单步式利润表是将当期所有的收入列在一起减去所有的费用计算得出当期净损益。多步式利润表是通过将当期的收入、费用、支出项目按性质加以归类，按利润形成的主要环节列示一些中间性利润指标，如营业收入、营业成本、营业利润、利润总额、净利润，分步计算当期净损益。在我国，利润表采用多步式，每个项目通常又分为"本期金额"和"上期金额"两栏。

二、利润表的编制方法

利润表中的各个项目应根据各损益类科目的发生额分析填列，我国企业利润表的编制步骤如下：

(1)以营业收入为基础，减去营业成本、税金及附加、销售费用、管理费用、财务费用、资产减值损失，加上公允价值变动收益(减去公允价值变动损失)和投资收益(减去投资损失)，计算出营业利润。其中，营业收入=主营业务收入+其他业务收入，营业成本=主营业务成本+其他业务成本。

(2)以营业利润为基础,加上营业外收入,减去营业外支出,计算出利润总额。

(3)以利润总额为基础,减去所得税费用,计算出净利润(或净亏损)。

(4)普通股或潜在普通股已公开交易的企业,以及正处于公开发行普通股或潜在普通股过程中的企业,还应该在利润表中列示每股收益信息。

利润表各项目均需填列"本期金额"和"上期金额"两栏。其中"上期金额"栏内各项数字,应根据上年该期利润表"本期金额"栏内所列数字填列,如果上年该期利润表规定的各个项目的名称和内容同本期不一致,应对上年该期利润表各项目的名称和数字按本期的规定进行调整,填入利润表"上期金额"栏内;"本期金额"栏内各项数字,除"基本每股收益"和"稀释每股收益"项目外,应当按照相关科目的发生额分析填列。

【案例6-3-1】盛华公司2023年度损益类科目发生额(结转利润以前)如表6-3-1所示。

表6-3-1 盛华公司损益类科目发生额(结转利润以前)

会计科目	借方发生额/元	贷方发生额/元
主营业务收入		860 900
主营业务成本	470 050	
税金及附加	50 200	
销售费用	60 000	
管理费用	85 000	
财务费用	15 000	
其他业务收入		34 000
其他业务成本	6 900	
投资收益		10 000
营业外收入		29 000
营业外支出	3 000	
所得税费用	51 330	

根据以上资料编制盛华公司 2023 年度的利润表(见表 6-3-2)。

表 6-3-2　利润表

会企 02 表

编制单位：盛华公司　　　　　　2023 年 12 月　　　　　　　　　　　　单位：元

项目	行次	本期金额	上期金额
一、营业收入	1	894 900	1 350 000
减：营业成本	2	476 950	850 000
税金及附加	3	50 200	2 000
销售费用	4	60 000	20 000
管理费用	5	85 000	97 100
财务费用	6	15 000	30 000
资产减值损失	7	0	30 900
加：公允价值变动收益(损失以"-"填列)	8	0	0
投资收益(损失以"-"填列)	9	10 000	1 500
二、营业利润(损失以"-"填列)	10	217 750	321 500
加：营业外收入	11	29 000	50 000
减：营业外支出	12	3 000	22 040
三、利润总额(损失以"-"填列)	13	243 750	349 460
减：所得税费用	14	51 330	115 321
四、净利润(亏损以"-"填列)	15	192 420	234 139
五、每股收益：	16		
(一)基本每股收益	17		
(二)稀释每股收益	18		

情境训练

【资料】智能公司 2023 年年末的有关资料如表 6-3-3 所示。

表 6-3-3　智能公司 2023 年年末损益类科目的发生额

科目	借方发生额/元	科目	贷方发生额/元
主营业务成本	65 000	主营业务收入	420 000
其他业务成本	25 000	其他业务收入	40 000
财务费用	5 000	投资收益	25 000
销售费用	44 000	营业外收入	2 000
管理费用	40 000		
所得税费用	31 000		
资产减值损失	10 000		
营业外支出	18 000		
税金及附加	3 000		

要求：根据以上资料编制利润表。

学习评价

专题六	学习目标	自评	他评
财务报表的编制	1. 掌握资产负债表和利润表的编制方法(40 分)		
	2. 能根据数据资料正确编制资产负债表和利润表(40 分)		
	3. 具备吃苦耐劳的精神(20 分)		
	合计		

素质课堂

毛主席的家庭开支账本

韶山纪念馆收藏的毛主席的家庭开支账本非常齐全，从生活费的收支报表到日用各项开支，写得非常细。时间跨度也很长，从 20 世纪 50 年代初期开始，一直到 1977 年元月。

毛主席的生活账本包括几个部分：

第一，外面购买的日常用品，包括茶叶、牙具、卫生纸、火柴盒、香烟等费用。

第二，毛主席本人外出时的餐饮开支，比如到地方交粮票、喝茶。

第三，毛主席家庭的杂物支出费用记载，比如修热水瓶、修理家具等。

韶山纪念馆现保存毛主席生活费收支表11份，日常杂费开支账本4本，粮食账本2本，物品分类账2本。

换句话说，这堆账本足以体现当年中国第一家庭的几乎整个财务与生活状况。红墙高耸的中南海里，曾经为亿万普通人仰望的开国领袖，在这一笔笔账目中，还原成了普普通通的一家之主的身份，要管一家人的衣食住行、柴米油盐。这些账本是对经济事项的真实记载，也体现了领袖毛主席事无巨细认真、严谨的工作、生活态度。

专题七

会计档案的归档与管理

会计档案是记录和反映单位经济业务的重要史料和证据。根据《中华人民共和国会计法》和《中华人民共和国档案法》的规定，各企事业单位和各级会计人员都要依法加强会计档案管理，统一会计档案管理制度，更好地为发展社会主义市场经济服务。

学习目标

知识目标：
1. 理解会计档案的概念和归档要求；
2. 掌握不同会计档案资料的保管期限。

能力目标：
1. 能够正确装订会计档案；
2. 能够规范地查阅、复制和销毁会计档案。

情感目标：
1. 培养学生依法办事的法律意识、认真负责的工作态度和严谨细致的工作作风；
2. 弘扬社会主义法治精神，传承中华优秀传统法律文化。

专题七　会计档案的归档与管理

学习情境一　会计档案的归档

情境导入

整理归档会计资料是将平时工作过程中所形成的会计凭证、账簿、报表等资料分类别、按一定的顺序整理装订成便于长期保管和利用的会计档案资料。同学们，整理归档会计资料是一项非常重要的工作任务，要求负责整理装订的人员认真细心、按规范的要求操作。下面，让我们一起来学习吧！

知识学习

一、会计档案的认知

（一）会计档案的概念

会计档案是国家档案的重要组成部分，会计档案是指会计凭证、会计账簿和财务会计报告等会计核算专业材料，是记录和反映单位经济业务的重要历史资料和证据。

（二）会计档案的内容

(1)会计凭证类：原始凭证、记账凭证、汇总凭证、其他会计凭证。

(2)会计账簿类：总账、明细账、日记账、固定资产卡片、辅助账簿、其他会计账簿。

(3)财务报告类：月度、季度、年度财务报告，包括会计报表、附表、附注及文字说明、其他财务报告。

(4)其他会计资料：银行存款余额调节表、银行对账单、其他应当保存的会计核算专业资料、会计档案移交清册、会计档案保管清册、会计档案销毁清册。

二、会计档案的归档

（一）归档原则

(1)根据《会计档案管理办法》，各单位每年形成的会计档案，都应由会计机构按照归档的要求，整理立卷，装订成册，编制会计档案保管清册。

（2）当年形成的会计档案，在会计年度终了，可暂由本单位财务会计部门保管一年。期满之后，原则上应由财务会计部门编造清册，移交本单位的档案部门保管；未设立档案部门的，应当在财务会计部门内部指定专人保管。

（3）移交本单位档案机构保管的会计档案，原则上应当保持原卷册的封装，个别需要拆封重新整理的，应当会同原财务会计部门和经办人共同拆封整理，以分清责任。

(二) 各类会计档案的归档

1. 会计凭证的整理归档

会计凭证按时间和原始凭证号顺序组卷，凭证卷脊要填写年度、月份、凭证号（自××号至××号）、卷号（年度内序号）。如果有若干个机构和核算单位时，先按机构或核算单位的先后顺序排列好，再在同一个机构或核算单位内按形成的先后顺序排列，一年编一个案卷序号，保管期限为30年。

2. 账簿的整理归档

账簿一本组成一卷。历年现金账和银行账，按形成时间的先后顺序排列，编一个案卷序号，保管期限为30年。其他账簿按形成时间的先后顺序排列，编一个案卷序号，保管期限为30年。

3. 会计报表的整理归档

历年的决算报表按形成时间的先后顺序排列，编一个案卷序号，保管期限为永久。

4. 其他会计资料的整理归档

工资表按永久保存，历年工资表按产生时间的先后顺序排列，编一个案卷序号。

三、会计档案的装订

会计档案的装订主要包括会计凭证、会计账簿、会计报表及其他文字资料的装订。

(一) 会计凭证的装订

会计凭证一般每月装订一次，装订好的凭证按年分月妥善保管归档。

1. 会计凭证装订前的准备工作

（1）分类整理，按顺序排列，检查日数、编号是否齐全。

（2）按凭证汇总日期归集（如按上、中、下旬汇总归集），确定装订成册的本数。

（3）摘除凭证内的金属物（如大头针、订书针、回形针），对大的张页或附件要折叠成同记账凭证大小，并且要避开装订线，以便翻阅保持数字完整。

（4）整理检查凭证顺序号，如有颠倒要重新排列，发现缺号要查明原因。再检查附件是否漏缺，领料单、入库单、工资、奖金发放单是否随附齐全。

（5）记账凭证上有关人员（如财务主管、复核、记账、制单等）的印章是否齐全。

2. 会计凭证装订前的排序、粘贴和折叠

会计凭证装订的范围包括原始凭证、记账凭证、科目汇总表、银行对账单等。科目汇总表的底稿也可以装订在内，作为科目汇总表的附件。使用计算机的企业，还应将转账凭证清单等装订在内。

装订前首先应将凭证进行整理。会计凭证的整理工作，主要是对凭证进行排序、粘贴和折叠。对于纸张面积大于记账凭证的原始凭证，可按记账凭证的面积尺寸，先自右向后，再自下向后两次折叠。注意应把凭证的左上角或左侧面让出来，以便装订后展开查阅。对于纸张面积过小的原始凭证，一般不能直接装订，可先按一定次序和类别排列，再粘在一张同记账凭证大小相同的白纸上，粘贴时以胶水为宜。小票应分张排列，同类同金额的单据尽量粘在一起，同时，在一旁注明张数和合计金额。如果是板状票证（如火车票），可以将票面票底轻轻撕开，厚纸板弃之不用。对于纸张面积略小于记账凭证的原始凭证，可以用回形针或大头针别在记账凭证后面，待装订凭证时，抽去回形针或大头针。有的原始凭证不仅面积大，而且数量多，可以单独装订，如工资单、耗料单，但在记账凭证上应注明保管地点。

原始凭证附在记账凭证后的顺序应与记账凭证所记载的内容顺序一致，不应按原始凭证的面积大小来排序。经过整理的会计凭证，为汇总装订打好了基础。

3. 会计凭证装订时的要求

（1）用"三针引线法"（见图7-1-1）装订。装订凭证时应使用棉线，在左上角部位打上三个针眼，实行三眼一线打结，结扣应是活的，并放在凭证封皮的里面，装订时尽可能缩小所占部位，使记账凭证及其附件保持尽可能大的显露面，以便于事后查阅。

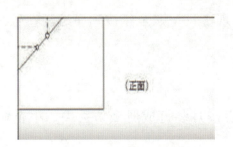
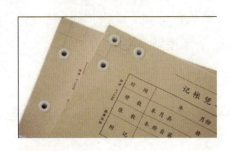

图7-1-1 三针引线法

（2）凭证外面要加封面，封面纸用上好的牛皮纸印制，封面规格略大于所附的记账凭证。

（3）一本凭证的厚度一般以1.5~2.0厘米为宜。过薄不利于戳立放置；过厚不便于翻阅核查。这样，方可保证装订牢固、美观大方。

4. 会计凭证装订后的注意事项

(1)每本封面上填写好凭证种类、起止号码、张数，由会计主管人员和装订人员签章。

(2)在封面上编好卷号，按编号顺序入柜，并要在显露处标明凭证种类编号，便于调阅。

(二)会计账簿的装订

各种会计账簿年度结账后，除跨年度使用的账簿外，其他账簿应按时整理立卷。

1. 账簿装订前

首先按账簿启用表的使用页数核对各个账户是否相符，账页数是否齐全，序号排列是否连续；然后按会计账簿封面、账簿启用表、账户目录、该账簿按页数顺序排列的账页、会计账簿装订封底的顺序装订。

2. 活页账簿装订要求

(1)保留已使用过的账页，将账页数填写齐全，去除空白页，撤掉账夹，用质好的牛皮纸做封面、封底，装订成册。

(2)多栏式活页账、三栏式活页账、数量金额式活页账等不得混装，应按同类业务、同类账页装订在一起。

(3)在本账的封面上填写好账目的种类，编好卷号，会计主管人员和装订人(经办人)签章。

3. 账簿装订后的其他要求

(1)会计账簿应牢固、平整，不得有折角、缺角、错页、掉页、加空白纸的现象。

(2)会计账簿的封口要严密，封口处要加盖有关印章。

(3)封面应齐全、平整，并注明所属年度及账簿名称、编号，编号为一年一编，编号顺序为总账、现金日记账、银行存款日记账、分类明细账。

(4)会计账簿按保管期限分别编制卷号，如现金日记账全年按顺序编制卷号，总账、各类明细账、辅助账全年按顺序编制卷号。

(三)会计报表的装订

会计报表编制完成及时报送后，留存的报表按月装订成册谨防丢失。小企业可按季装订成册，要求如下：

(1)会计报表装订前要按编报目录核对是否齐全，整理报表页数，上边、左边对齐压平，防止折角，如有损坏部位，修补后完整无缺地装订。

(2)会计报表装订顺序为：会计报表封面、会计报表编制说明、按会计报表的编号顺序排列的各种会计报表、会计报表的封底。

(3)按保管期限编制卷号。

专题七 会计档案的归档与管理

学习情境二　会计档案的管理

情境导入

会计档案是记录单位经济业务的历史资料，无论是存放在档案部门还是暂时存放在会计部门保管，都要求档案管理人员具备专业的管理能力和技术。会计档案的查询利用，必须严格履行相应的程序，按规定的要求办理。当会计档案保管到期，经过严格的鉴定确定已无保管价值时，可按规定程序和要求予以销毁。下面，让我们一起来学习吧！

知识学习

一、会计档案的保管期限

根据《会计档案管理办法》规定，会计档案的保管期限分为永久、定期两类，具体如表7-2-1所示。

表7-2-1　会计档案的保管期限

序号	档案名称	保管期限	备注
一	会计凭证类		
1	原始凭证	30年	
2	记账凭证	30年	
二	会计账簿类		
3	总账	30年	
4	明细账	30年	
5	日记账	30年	
6	固定资产卡片账		固定资产报废清理后保管5年
7	其他辅助性账簿	30年	

161

续表

序号	档案名称	保管期限	备注
三	财务报告类		包括各级主管部门汇总财务报告
8	月度、季度、年度财务报告	10年	
9	年度财务报告(决算)	永久	
四	其他会计资料		
10	会计移交清册	15年	
11	会计档案保管清册	永久	
12	会计档案销毁清册	永久	
13	银行余额调节表	10年	
14	银行对账单	10年	

二、会计档案查阅、复制和销毁

(一)会计档案的查阅和复制

各单位应建立健全会计档案的查阅、复制登记制度。各单位保存的会计档案不得借出。如有特殊需要，经本单位负责人批准，可提供查阅和复制，并办理登记手续。查阅或者复制会计档案的人员，严禁在会计档案上涂画、拆封和抽换。借出的会计档案，会计档案管理人员要按期如数收回，并办理注销借阅手续。

(二)会计档案的销毁

会计档案保管期满需要销毁时，可按照以下程序销毁：

(1)由本单位档案机构会同会计机构提出销毁意见，共同鉴定和审查，编制会计档案销毁清册。会计档案销毁清册是销毁会计档案的记录和报批文件，一般应包括销毁会计档案的名称、卷号、册数、起止年度和档案编号、应保管期限、已保管期限、销毁时间等内容。

(2)单位负责人在会计档案销毁清册上签署意见。

(3)销毁会计档案时，应当由档案机构和会计机构共同派员监销。

(4)监销人在销毁会计档案前，应当按照会计档案机构销毁清册所列内容清点核对所要销毁的会计档案；销毁后，应当在会计档案销毁清册上签名盖章，并将监销情况报告本单位负责人。

对于保管期满但未结清的债权债务以及涉及其他未了事项的原始凭证不得销毁，应单独抽出，另行立卷，由档案部门保管到未了事项完结时为止。单独抽出卷的会计档案应当在会计档案销毁清册和会计档案保管清册中列明。正在项目建设期间的建设单位，其保管期满的会计档案不得销毁。

学习评价

专题七	学习目标	自评	他评
会计档案的归档与管理	1. 掌握会计档案的归档要求及保管期限(40分)		
	2. 能正确装订会计档案(40分)		
	3. 具备依法办事的法律意识(20分)		
	合计		

素质课堂

大国工匠、高技能人才是国家战略人才力量

党的二十大报告指出："加快建设国家战略人才力量，努力培养造就更多大师、战略科学家、一流科技领军人才和创新团队、青年科技人才、卓越工程师、大国工匠、高技能人才。"习近平总书记高度评价大国工匠和高技能人才的重要地位，强调大国工匠是职工队伍中的高技能人才，技术工人队伍是支撑中国制造、中国创造的重要力量，对推动经济高质量发展，以中国式现代化推进中华民族伟大复兴具有重要作用。

大国工匠和高技能人才是我国高质量发展的重要推动者和贡献者。党的十八大以来，我国经济社会保持健康发展，重大工程、重点项目、重大科技攻关捷报频传。大兴国际机场凤凰展翅、港珠澳大桥飞架三地、"嫦娥"奔月、"祝融"探火、"奋斗者"深潜……这些超级工程、科技成就、大国重器，既得益于一批批科学家、工程师的奇思妙想、蓝图绘就，也离不开一大批高素质技能型人才的匠心独运、创新创造。

大国工匠和高技能人才是精湛技艺的优秀创造者和传承者。长期以来，无数大国工匠和高技能人才在平凡岗位上默默坚守、孜孜以求，以勇于创新的精神发明创造、改进工艺、突破极限，练就了绝活绝技，引领了时代潮流。

大国工匠和高技能人才是劳模精神、劳动精神、工匠精神的忠实践行者和弘扬者。中华人民共和国成立以来，一批又一批劳模、工匠和高技能人才，在党的领导下，用奋斗创造了一个又一个"中国奇迹"，在实践中培育形成了爱岗敬业、争创一流、艰苦奋斗、勇于创新、淡泊名利、甘于奉献的劳模精神，崇尚劳动、热爱劳动、辛勤劳动、诚实劳动的劳动精神，执着专注、精益求精、一丝不苟、追求卓越的工匠精神，劳模精神、劳动精神、工匠精神是中国共产党人精神谱系的重要组成部分，是中国共产党人红色基因的重要组成部分，已成为新时代引领社会风尚、构建新发展格局、实现中华民族伟大复兴中国梦的重要精神支撑。

专题八

会计核算综合实务操作

通过专题二~专题六的学习，同学们已掌握了从会计凭证到会计账簿，最终到财务报表的每一个单一核算方法的实务操作。各单位账务处理程序的科学选择对有效地组织会计核算具有重要意义。本专题将结合实例进行会计核算综合实务操作，详细讲解操作方法，为实习就业做好充足准备。

学习目标

知识目标：
1. 了解账务处理程序的概念、企业（单位）科学合理地选择账务处理程序的要求、我国常用的账务处理程序；
2. 掌握记账凭证账务处理程序的主要特点、记账程序、优缺点及适用范围；
3. 掌握科目汇总表账务处理程序的主要特点、记账程序、优缺点及适用范围。

能力目标：
1. 能够完成记账凭证账务处理程序的账务处理过程；
2. 能够完成科目汇总表账务处理程序的账务处理过程。

情感目标：
1. 培养学生诚实守信的品质，使其具有良好的职业道德；
2. 培养学生爱党报国、敬业奉献、服务人民的理念。

学习情境一　记账凭证账务处理程序

情境导入

通过前面的学习，我们知道取得审核无误的原始凭证后要先填制记账凭证，再根据审核无误的记账凭证进行登账，月末要编制财务报表。可以看出，前面的专题只涉及单项情境训练。同学们，你知道一套完整的记账凭证账务处理程序是如何操作的吗？下面，让我们一起来学习吧！

知识学习

一、认识账务处理程序

（一）账务处理程序的概念

账务处理程序，又称会计核算组织程序或会计核算形式，是指会计凭证、会计账簿、财务报表相结合的方式，包括账簿组织和记账程序。账簿组织是指会计凭证和会计账簿种类、格式以及它们之间的相互关系；记账程序是指从填制、审核原始凭证到填制、审核记账凭证，再到登记日记账、明细账和总分类账，再到编制财务报表的工作程序和方法。

在实际工作中，由于各单位的业务性质不同，规模大小各异，因此所选用的账务处理程序也不尽相同，但其基本模式是一致的，如图8-1-1所示。

图 8-1-1　账务处理的基本模式

（二）账务处理程序的种类

目前，我国各单位采用的账务处理程序主要有记账凭证账务处理程序、科目汇总表账务处理程序、汇总记账凭证账务处理程序、多栏式日记账账务处理程序、日记总账账务处理程序、通用日记账账务处理程序。

各种账务处理程序的主要区别在于登记总分类账的依据和方法不同。记账凭证账务处理程序是最基本的一种账务处理程序，其他账务处理程序都是由此发展、演变而来的。各单位应视规模大小和经济业务的繁简程度，正确地选择适合本单位的账务处理程序。

二、记账凭证账务处理程序

(一)记账凭证账务处理程序概念和特点

记账凭证账务处理程序,是指对发生的经济业务,先根据原始凭证或汇总原始凭证填制记账凭证,再直接根据记账凭证登记总分类账的一种账务处理程序。

记账凭证账务处理程序的主要特点是直接根据记账凭证逐笔登记总分类账。记账凭证账务处理程序是最基本的账务处理程序,其他各种账务处理程序都是在此基础上,根据经营管理的要求发展而成的。

记账凭证账务处理程序

(二)记账凭证账务处理程序步骤

在记账凭证账务处理程序下,记账凭证可以采用收款凭证、付款凭证和转账凭证等专用记账凭证的格式,也可采用通用记账凭证的格式。

会计账簿一般应设置三栏式"现金日记账"和"银行存款日记账";总分类账采用三栏式账页格式;明细账可根据核算需要,采用三栏式、多栏式、数量金额式和横线登记式账页格式。

记账凭证账务处理程序如图 8-1-2 所示。

(1)根据有关的原始凭证或原始凭证汇总表,填制收款凭证、付款凭证和转账凭证,也可以填制通用记账凭证。

(2)根据收款凭证和付款凭证逐笔登记库存现金日记账和银行存款日记账。

(3)根据原始凭证、汇总原始凭证和记账凭证,登记各种明细分类账。

(4)根据记账凭证逐笔登记总分类账。

(5)月末,将库存现金日记账、银行存款日记账和明细分类账的余额与有关总分类账中相应账户余额进行核对。

(6)月末,根据总分类账和明细分类账的记录,编制财务会计报表。

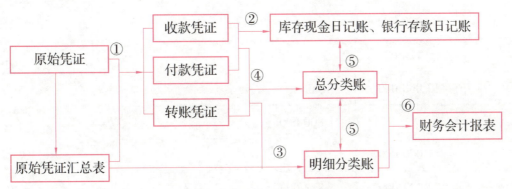

图 8-1-2 记账凭证账务处理程序

情境引例

【案例 8-1-1】 盛华公司为一般纳税人，适用增值税税率为13%，假设所得税税率为25%，2023年12月1日有关账户的期初余额如表8-1-1所示。

表 8-1-1　公司账户期初余额

2023 年 12 月 1 日　　　　　　　　　　　　　　　　　　　　单位：元

账户名称	期初余额 借方	期初余额 贷方	账户名称	期初余额 借方	期初余额 贷方
库存现金	34 000		短期借款		1 000 000
银行存款	2 650 000		应付票据		230 000
交易性金融资产	3 000 000		应付账款		585 000
应收票据	185 000		应付利息		10 000
应收利息	40 000		预收账款		300 000
应收账款	1 200 000		应付职工薪酬		287 000
坏账准备		12 000	其他应付款		3 000
预付账款	205 000		应交税费		375 000
其他应收款	8 000		长期借款		2 000 000
材料采购	100 000		应付债券		1 000 000
原材料	1 480 000		实收资本		12 000 000
其中：A 材料	1 000 000		资本公积		1 220 000
B 材料	480 000		盈余公积		800 000
库存商品	320 000		本年利润		280 000
其中：甲产品	200 000		利润分配		320 000
乙产品	120 000				
固定资产	12 000 000				
累计折旧		1 800 000			
无形资产	1 000 000				
合计	22 222 000	1 812 000			20 410 000

1. 按照经济业务(原始凭证或原始凭证汇总表)编制记账凭证

2023年12月盛华公司发生以下经济业务,按照记账凭证账务处理程序的处理过程的会计处理如下:

(1)1日,收到国家投入货币资金500 000元,存入银行。据此编制记账凭证如图8-1-3所示。

图8-1-3 收款凭证

(2)5日,向银行借入期限为6个月的借款30 000元,存入公司银行账户。据此编制记账凭证如图8-1-4所示。

图8-1-4 收款凭证

(3)6日，从红蔷薇工厂购入 A 材料 5 000 千克，买价 50 000 元，增值税进项税额 6 500 元。款项尚未支付，材料同时验收入库。据此编制记账凭证如图 8-1-5 所示。

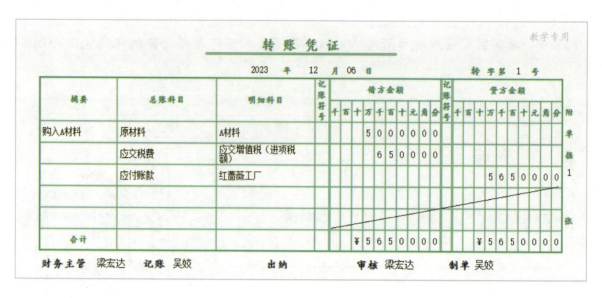

图 8-1-5　转账凭证

(4)8 日，用银行存款支付前欠红蔷薇工厂购料款 56 500 元。据此编制记账凭证如图 8-1-6 所示。

图 8-1-6　付款凭证

(5) 10日，从银行提取现金3 000元，以备日常开销。据此编制记账凭证如图8-1-7所示。

图8-1-7　付款凭证

(6) 11日，用现金支付管理部门业务招待费500元。据此编制记账凭证如图8-1-8所示。

图8-1-8　付款凭证

(7)12日,用现金购入办公用品,其中生产车间100元,管理部门300元。据此编制记账凭证如图8-1-9所示。

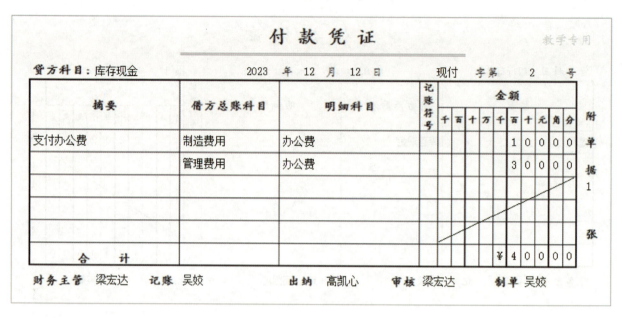

图8-1-9 付款凭证

(8)14日,采购员海利出差,预借差旅费500元,以现金支付。据此编制记账凭证如图8-1-10所示。

图8-1-10 付款凭证

(9) 15 日，销售给蓝月亮工厂甲产品 300 件，每件售价 300 元，计 90 000 元，增值税销项税额 11 700 元，款项已收存银行存款户。据此编制记账凭证如图 8-1-11 所示。

图 8-1-11　收款凭证

(10) 18 日，用银行存款支付产品销售广告费 3 000 元。据此编制记账凭证如图 8-1-12 所示。

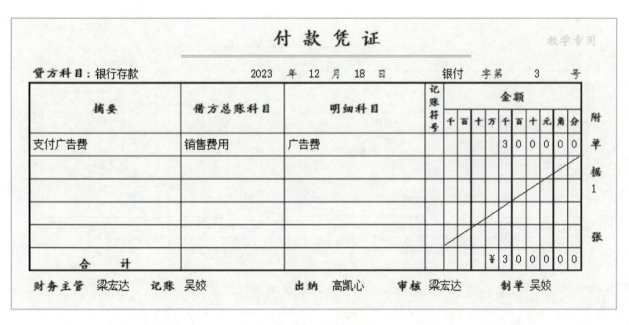

图 8-1-12　付款凭证

(11) 20 日，企业收到天山公司的违约罚款利得 50 000 元转作营业外收入，当即存入银行存款户。据此编制记账凭证如图 8-1-13 所示。

图 8-1-13　收款凭证

(12) 22 日，采购员海利出差回来，报销差旅费 465 元，退回差旅费剩余款 35 元。据此编制记账凭证如图 8-1-14、图 8-1-15 所示。

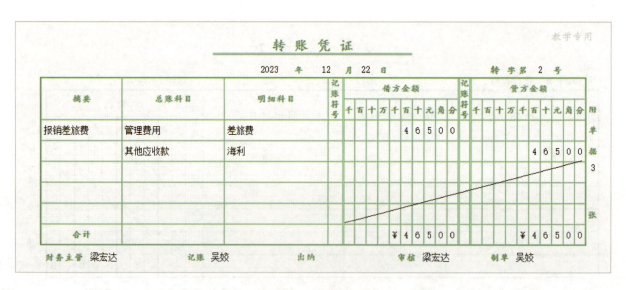

图 8-1-14　转账凭证

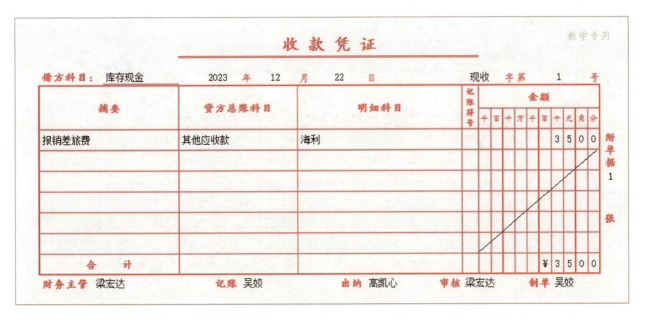

图 8-1-15　收款凭证

(13) 28 日,销售给紫丁香工厂乙产品 250 件,每件售价 300 元,计 75 000 元,增值税销项税额 9 750 元,公司收到一张包含全部款项的商业汇票。据此编制记账凭证如图 8-1-16 所示。

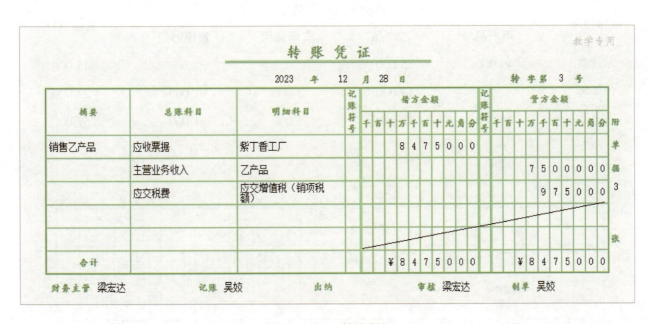

图 8-1-16　转账凭证

(14) 31 日,预提本月银行短期借款利息 2 100 元。据此编制记账凭证如图 8-1-17 所示。

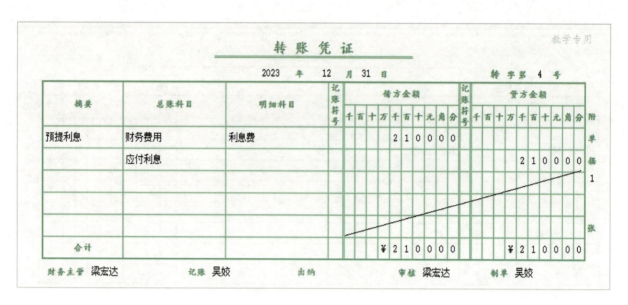

图 8-1-17　转账凭证

(15)31 日，根据领料凭证汇总表，本月领用材料如表 8-1-2 所示。据此编制记账凭证如图 8-1-18 所示。

表 8-1-2　领料凭证汇总表　　　　　　　　　　　单位：元

材料种类	领料部门及用途				金额合计
	甲产品	乙产品	车间耗用	管理部门	
A 材料	40 000	5 000			45 000
B 材料		18 000	3 000	1 000	22 000
合计	40 000	23 000	3 000	1 000	67 000

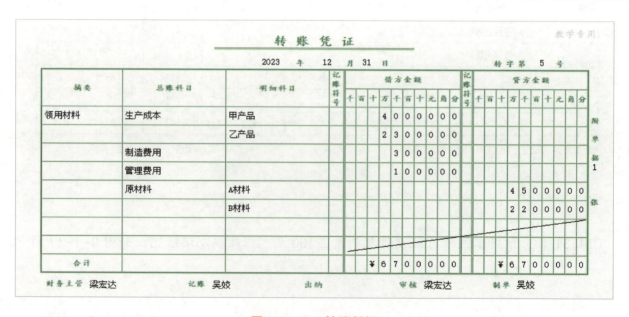

图 8-1-18　转账凭证

(16) 31 日，分配本月职工薪酬 50 000 元，其中生产甲产品工人工资 20 000 元，生产乙产品工人工资 15 000 元，生产车间管理人员工资 5 000 元，企业管理人员工资 10 000 元。据此编制记账凭证如图 8-1-19 所示。

图 8-1-19　转账凭证

(17) 31 日，计提本月固定资产折旧 6 500 元，其中生产车间固定资产折旧 4 300 元，企业管理部门固定资产折旧 2 200 元。据此编制记账凭证如图 8-1-20 所示。

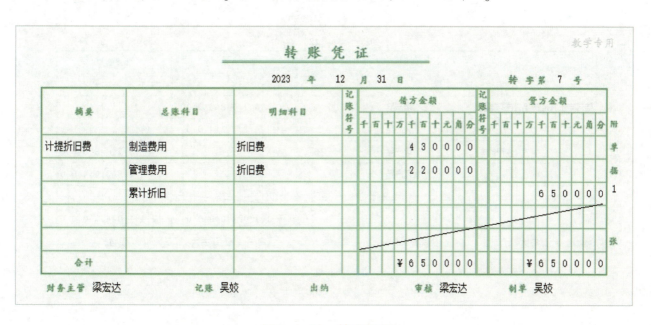

图 8-1-20　转账凭证

(18)31日,归集计算出本月发生的制造费用总额是12 400元,按照工资比例分配,其中甲产品负担7 086元,乙产品负担5 314元。据此编制记账凭证如图8-1-21所示。

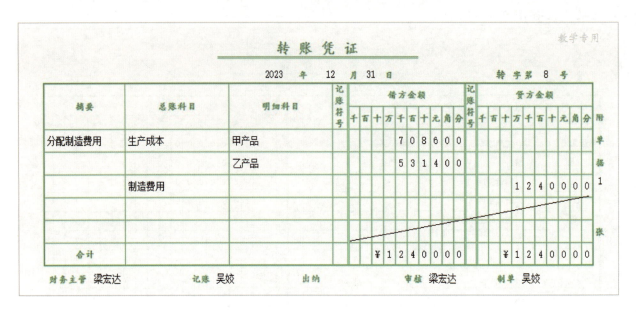

图8-1-21　转账凭证

(19)31日,结转本月完工入库产品的生产成本。其中甲产品500件全部完工,总成本67 086元,乙产品400件全部完工,总成本43 314元。据此编制记账凭证如图8-1-22所示。

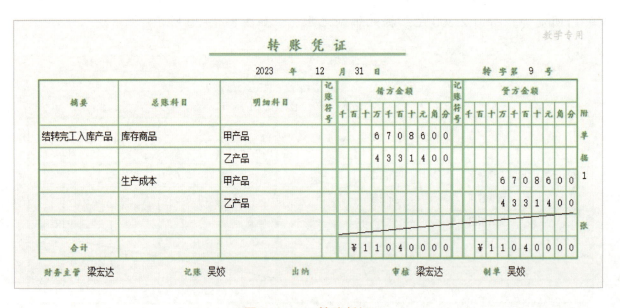

图8-1-22　转账凭证

(20)31日，结转本月销售甲产品300件的生产成本40 252元，销售乙产品250件的生产成本27 071元。据此编制记账凭证如图8-1-23所示。

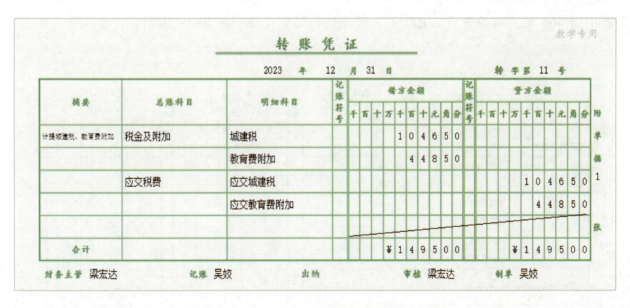

图8-1-23 转账凭证

(21)31日，计算本月应交纳的城市维护建设税(适用税率为7%)和教育费附加(适用税率为3%)。据此编制记账凭证如图8-1-24所示。

图8-1-24 转账凭证

(22)31日，将损益类有关收益账户的余额结转“本年利润”账户。其中主营业务收入165 000元(甲产品90 000元，乙产品75 000元)，营业外收入50 000元。据此编制记账凭证如图8-1-25所示。

转账凭证

2023 年 12 月 31 日　　　　转字第 12 号

摘要	总账科目	明细科目	记账符号	借方金额(千百十万千百十元角分)	记账符号	贷方金额(千百十万千百十元角分)
结转收益	主营业务收入	甲产品		9000000		
		乙产品		7500000		
	营业外收入			5000000		
	本年利润					21500000
合计				¥21500000		¥21500000

附单据 张

财务主管 梁宏达　记账 吴姣　出纳　审核 梁宏达　制单 吴姣

图8-1-25　转账凭证

(23)31日，将损益类有关成本费用账户的余额结转“本年利润”账户，其中主营业务成本67 323元(甲产品40 252元，乙产品27 071元)，税金及附加1 495元，销售费用3 000元，管理费用14 465元，财务费用2 100元。据此编制记账凭证如图8-1-26所示。

转账凭证

2023 年 12 月 31 日　　　　转字第 13 号

摘要	总账科目	明细科目	记账符号	借方金额(千百十万千百十元角分)	记账符号	贷方金额(千百十万千百十元角分)
结转成本费用	本年利润			8838300		
	主营业务成本	甲产品				4025200
		乙产品				2707100
	管理费用					1446500
	销售费用					300000
	财务费用					210000
	税金及附加					149500
合计				¥8838300		¥8838300

附单据 张

财务主管 梁宏达　记账 吴姣　出纳　审核 梁宏达　制单 吴姣

图8-1-26　转账凭证

(24)31 日，按本月实现的利润总额 126 617 元，计算并结转应交纳的所得税(假设无纳税调整事项)。据此编制记账凭证如图 8-1-27、图 8-1-28 所示。

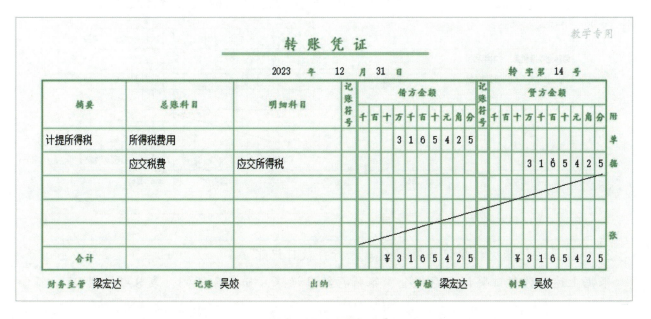

图 8-1-27　转账凭证

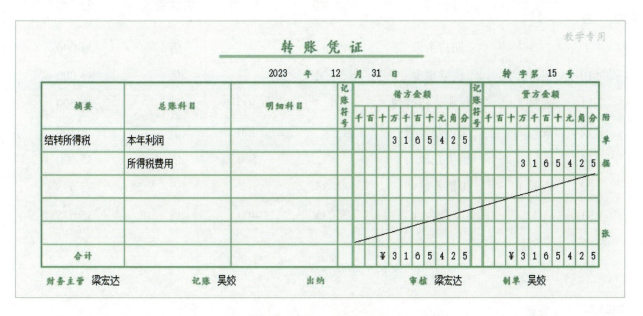

图 8-1-28　转账凭证

(25)31 日，年末计算并结转全年累计实现的净利润 374 962.75 元。据此编制记账凭证如图 8-1-29 所示。

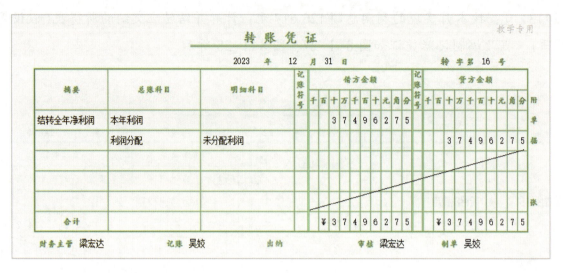

图 8-1-29 转账凭证

2. 根据上述记账凭证登记库存现金、银行存款日记账

根据上述记账凭证登记库存现金、银行存款日记账，如表 8-1-3、表 8-1-4 所示。

表 8-1-3 现金日记账

2023 年		凭证号数	摘　要	借　方	贷　方	借或贷	余　额
月	日						
12	1		期初余额			借	34 000
	10	银付 2	提取现金	3 000		借	37 000
	11	现付 1	支付业务招待费		500	借	36 500
	12	现付 2	支付办公费		400	借	36 100
	14	现付 3	预借差旅费		500	借	35 600
	22	现收 1	报销差旅费	35		借	35 635
	31		本月合计	3 035	1 400	借	35 635

表 8-1-4 银行存款日记账

2023 年		凭证号数	摘　要	借　方	贷　方	借或贷	余　额
月	日						
12	1		期初余额			借	2 650 000
	1	银收 1	收到国家投资款	500 000		借	3 150 000
	5	银收 2	取得短期借款	30 000		借	3 180 000
	8	银付 1	支付购料款		56 500	借	3 123 500
	10	银付 2	提现		3 000	借	3 120 500

续表

2023年		凭证号数	摘要	借方	贷方	借或贷	余额
月	日						
	15	银收3	销售甲产品	101 700		借	3 222 200
	18	银付3	支付广告费		3 000	借	3 219 200
	20	银收4	收到违约罚款	50 000		借	3 269 200
			本月合计	681 700	62 500	借	3 269 200

3. 根据上述原始凭证和记账凭证登记明细分类账簿

为了简化业务，此处只列生产成本明细账和其他应收款明细账如表8-1-5~表8-1-7所示，其他明细账略。

表8-1-5 生产成本明细分类账

明细科目：甲产品

2023年		凭证号数	摘要	借方			贷方	借或贷	余额
月	日			直接材料	直接人工	制造费用			
12	31	转5	领用材料	40 000				借	40 000
	31	转6	分配工资费		20 000			借	60 000
	31	转8	分配制造费用			7 086		借	67 086
	31	转9	结转完工入库产品				67 086	平	∅
	31		本月合计	40 000	20 000	7 086	67 086	平	∅

表8-1-6 生产成本明细分类账

明细科目：乙产品

2023年		凭证号数	摘要	借方			贷方	借或贷	余额
月	日			直接材料	直接人工	制造费用			
12	31	转5	领用材料	23 000				借	23 000
	31	转6	分配工资费		15 000			借	38 000
	31	转8	分配制造费用			5 314		借	43 314
	31	转9	结转完工入库产品				43 314	平	∅
	31		本月合计	23 000	15 000	5 314	43 314	平	∅

表 8-1-7 其他应收款明细分类账

总账科目：其他应收款

明细科目：海利

2023年		凭证号数	摘要	借方	贷方	借或贷	余额
月	日						
12	1		期初余额			借	8 000
	14	现付3	预借差旅费	500		借	8 500
	22	转2	报销差旅费		465	借	8 035
	22	现收1	报销差旅费		35	借	8 000
	31		本月合计	500	500	借	8 000

4. 根据上述记账凭证登记总分类账

根据上述记账凭证登记总分类账，如表8-1-8~表8-1-32所示，此处只登记了本月有发生额的总分类账户，其他略。

表 8-1-8 库存现金（总账）

2023年		凭证号数	摘要	借方	贷方	借或贷	余额
月	日						
12	1		期初余额			借	34 000
	10	银付2	提取现金	3 000		借	37 000
	11	现付1	支付业务招待费		500	借	36 500
	12	现付2	支付办公费		400	借	36 100
	14	现付3	预借差旅费		500	借	35 600
	22	现收1	收到差旅费剩余款	35		借	35 635
	31		本月合计	3 035	1 400	借	35 635

表 8-1-9 银行存款（总账）

2023年		凭证号数	摘要	借方	贷方	借或贷	余额
月	日						
12	1		期初余额			借	2 650 000
	1	银收1	收到国家投资款	500 000		借	3 150 000
	5	银收2	取得短期借款	30 000		借	3 180 000
	8	银付1	支付购料款		56 500	借	3 123 500

续表

2023年		凭证号数	摘 要	借 方	贷 方	借或贷	余 额
月	日						
	10	银付2	提取现金		3 000	借	3 120 500
	15	银收3	销售甲产品	101 700		借	3 222 200
	18	银付3	支付广告费		3 000	借	3 219 200
	20	银收4	收到违约罚款	50 000		借	3 269 200
			本月合计	681 700	62 500	借	3 269 200

表8-1-10 应收票据(总账)

2023年		凭证号数	摘 要	借 方	贷 方	借或贷	余 额
月	日						
12	1		期初余额			借	185 000
	28	转3	销售产品	84 750		借	269 750
	31		本月合计	84 750		借	269 750

表8-1-11 其他应收款(总账)

2023年		凭证号数	摘 要	借 方	贷 方	借或贷	余 额
月	日						
12	1		期初余额			借	8 000
	14	现付3	预借差旅费	500		借	8 500
	22	转2	报销差旅费		465	借	8 035
	22	现收1	收到差旅费剩余款		35	借	8 000
	31		本月合计	500	500	借	8 000

表8-1-12 原材料(总账)

2023年		凭证号数	摘 要	借 方	贷 方	借或贷	余 额
月	日						
12	1		期初余额			借	1 480 000
	6	转1	购入A材料	50 000		借	1 530 000
	31	转5	领用材料		67 000	借	1 463 000
			本月合计	50 000	67 000	借	1 463 000

表 8-1-13　库存商品（总账）

2023 年		凭证号数	摘　要	借　方	贷　方	借或贷	余　额
月	日						
12	1		期初余额			借	320 000
	31	转 9	结转完工入库产品	110 400		借	430 400
	31	转 10	结转销售产品成本		67 323	借	363 077
			本月合计	110 400	67 323	借	363 077

表 8-1-14　累计折旧（总账）

2023 年		凭证号数	摘　要	借　方	贷　方	借或贷	余　额
月	日						
12	1		期初余额			贷	1 800 000
	31	转 7	计提折旧费		6 500	贷	1 806 500
			本月合计		6 500	贷	1 806 500

表 8-1-15　生产成本（总账）

2023 年		凭证号数	摘　要	借　方	贷　方	借或贷	余　额
月	日						
12	31	转 5	领用材料	63 000		借	63 000
	31	转 6	分配工资	35 000		借	98 000
	31	转 8	分配制造费用	12 400		借	110 400
	31	转 9	结转完工入库产品		110 400	平	∅
	31		本月合计	110 400	110 400	平	∅

表 8-1-16　制造费用（总账）

2023 年		凭证号数	摘　要	借　方	贷　方	借或贷	余　额
月	日						
12	12	现付 2	支付办公费	100		借	100
	31	转 5	领用材料	3 000		借	3 100
	31	转 6	分配工资	5 000		借	8 100
	31	转 7	计提折旧费	4 300		借	12 400
	31	转 8	转出制造费用		12 400	平	∅
	31		本月合计	12 400	12 400	平	∅

表 8-1-17 短期借款(总账)

2023 年		凭证号数	摘要	借方	贷方	借或贷	余额
月	日						
12	1		期初余额			贷	1 000 000
	5	银收 2	取得短期借款		30 000	贷	1 030 000
			本月合计		30 000	贷	1 030 000

表 8-1-18 应付账款(总账)

2023 年		凭证号数	摘要	借方	贷方	借或贷	余额
月	日						
12	1		期初余额			贷	585 000
	6	转 1	购入 A 材料		56 500	贷	641 500
	8	银付 1	支付购料款	56 500		贷	585 000
	31		本月合计	56 500	56 500	贷	585 000

表 8-1-19 应付利息(总账)

2023 年		凭证号数	摘要	借方	贷方	借或贷	余额
月	日						
12	1		期初余额			贷	10 000
	31	转 4	预提利息		2 100	贷	12 100
	31		本月合计		2 100	贷	12 100

表 8-1-20 应付职工薪酬(总账)

2023 年		凭证号数	摘要	借方	贷方	借或贷	余额
月	日						
12	1		期初余额			贷	287 000
	31	转 6	分配工资		50 000	贷	337 000
	31		本月合计		50 000	贷	337 000

表 8-1-21 应交税费(总账)

2023年 月	日	凭证号数	摘要	借方	贷方	借或贷	余额
12	1		期初余额			贷	375 000
	6	转1	购入A材料	6 500		贷	368 500
	15	银收3	销售甲产品		11 700	贷	380 200
	28	转3	销售乙产品		9 750	贷	389 950
	31	转11	计算应交城建税和教育费附加		1 495	贷	391 445
	31	转14	计算本月所得税		31 654.25	贷	423 099.25
	31		本月合计	6 500	54 599.25	贷	423 099.25

表 8-1-22 实收资本(总账)

2023年 月	日	凭证号数	摘要	借方	贷方	借或贷	余额
12	1		期初余额			贷	12 000 000
	1	银收1	收到投资款		500 000	贷	12 500 000
			本月合计		500 000	贷	12 500 000

表 8-1-23 本年利润(总账)

2023年 月	日	凭证号数	摘要	借方	贷方	借或贷	余额
12	1		期初余额			贷	280 000
	31	转12	结转收益		215 000	贷	495 000
	31	转13	结转成本费用	88 383		贷	406 617
	31	转15	结转所得税费用	31 654.25		贷	374 962.75
	31	转16	结转本年净利润	374 962.75		平	⌀
	31		本月合计	495 000	215 000	平	⌀

表 8-1-24 利润分配（总账）

2023年		凭证号数	摘要	借方	贷方	借或贷	余额
月	日						
12	1		期初余额			贷	320 000
	31	转16	结转本年净利润		374 962.75	贷	694 962.75
	31		本月合计		374 962.75	贷	694 962.75

表 8-1-25 主营业务收入（总账）

2023年		凭证号数	摘要	借方	贷方	借或贷	余额
月	日						
12	15	银收3	销售甲产品		90 000	贷	90 000
	28	转3	销售乙产品		75 000	贷	165 000
	31	转12	结转收益	165 000		平	∅
	31		本月合计	165 000	165 000	平	∅

表 8-1-26 营业外收入（总账）

2023年		凭证号数	摘要	借方	贷方	借或贷	余额
月	日						
12	20	银收4	收到违约罚款		50 000	贷	50 000
	31	转12	结转收益	50 000		平	∅
	31		本月合计	50 000	50 000	平	∅

表 8-1-27 主营业务成本（总账）

2023年		凭证号数	摘要	借方	贷方	借或贷	余额
月	日						
12	31	转10	结转销售产品成本	67 323		借	67 323
	31	转13	结转成本费用		67 323	平	∅
	31		本月合计	67 323	67 323	平	∅

表 8-1-28　税金及附加(总账)

2023年		凭证号数	摘要	借方	贷方	借或贷	余额
月	日						
12	31	转 11	计提应交城建税和教育费附加	1 495		借	1 495
	31	转 13	结转成本费用		1 495	平	ø
	31		本月合计	1 495	1 495	平	ø

表 8-1-29　管理费用(总账)

2023年		凭证号数	摘要	借方	贷方	借或贷	余额
月	日						
12	11	现付 1	支付业务招待费	500		借	500
	12	现付 2	支付办公费	300		借	800
	22	转 2	报销差旅费	465		借	1 265
	31	转 5	领用材料	1 000		借	2 265
	31	转 6	分配工资	10 000		借	12 265
	31	转 7	计提折旧费	2 200		借	14 465
	31	转 13	结转成本费用		14 465	平	ø
	31		本月合计	14 465	14 465	平	ø

表 8-1-30　销售费用(总账)

2023年		凭证号数	摘要	借方	贷方	借或贷	余额
月	日						
12	18	银付 3	支付广告费	3 000		借	3 000
	31	转 13	结转成本费用		3 000	平	ø
	31		本月合计	3 000	3 000	平	ø

表 8-1-31　财务费用(总账)

2023年		凭证号数	摘要	借方	贷方	借或贷	余额
月	日						
12	31	转 4	预提利息	2 100		借	2 100
	31	转 13	结转成本费用		2 100	平	ø
	31		本月合计	2 100	2 100	平	ø

表 8-1-32　所得税费用(总账)

2023年		凭证号数	摘　要	借　方	贷　方	借或贷	余　额
月	日						
12	31	转 14	计提本月所得税	31 654.25		借	31 654.25
	31	转 15	结转所得税费用		31 654.25	平	∅
	31		本月合计	31 654.25	31 654.25	平	∅

5. 将总分类账与现金日记账、银行存款日记账以及第三步所列明细分类账进行核对,并进行总分类账户试算平衡

核对并进行总分类账户试算平衡,如表 8-1-33、表 8-1-34 所示。

表 8-1-33　总分类账和明细分类账对账表

2023 年 12 月 31 日

账户名称	期初余额		本期发生额		期末余额	
	借　方	贷　方	借　方	贷　方	借　方	贷　方
生产成本			110 400	110 400		
——甲产品			67 086	67 086		
——乙产品			43 314	43 314		
其他应收款	8 000		500	500	8 000	
——海利			500	500		
库存现金总账	34 000		3 035	1 400	35 635	
库存现金日记账	34 000		3 035	1 400	35 635	
银行存款总账	2 650 000		681 700	62 500	3 269 200	
银行存款日记账	2 650 000		681 700	62 500	3 269 200	

表 8-1-34　总分类账户试算平衡表

2023 年 12 月 31 日

账户名称	期初余额		本期发生额		期末余额	
	借　方	贷　方	借　方	贷　方	借　方	贷　方
库存现金	34 000		3 035	1 400	35 635	
银行存款	2 650 000		681 700	62 500	3 269 200	
交易性金融资产	3 000 000				3 000 000	
应收票据	185 000		84 750		269 750	

续表

账户名称	期初余额		本期发生额		期末余额	
	借方	贷方	借方	贷方	借方	贷方
应收利息	40 000				40 000	
应收账款	1 200 000				1 200 000	
坏账准备		12 000				12 000
预付账款	205 000				205 000	
其他应收款	8 000		500	500	8 000	
材料采购	100 000				100 000	
原材料	1 480 000		50 000	67 000	1 463 000	
库存商品	320 000		110 400	67 323	363 077	
固定资产	12 000 000				12 000 000	
累计折旧		1 800 000		6 500		1 806 500
无形资产	1 000 000				1 000 000	
短期借款		1 000 000		30 000		1 030 000
应付票据		230 000				230 000
应付账款		585 000	56 500	56 500		585 000
应付利息		10 000		2 100		12 100
预收账款		300 000				300 000
应付职工薪酬		287 000		50 000		337 000
其他应付款		3 000				3 000
应交税费		375 000	6 500	54 599.25		423 099.25
长期借款		2 000 000				2 000 000
应付债券		1 000 000				1 000 000
实收资本		12 000 000		500 000		12 500 000
资本公积		1 220 000				1 220 000
盈余公积		800 000				800 000
本年利润		280 000	495 000	215 000		0
利润分配		320 000		374 962.75		694 962.75
生产成本			110 400	110 400		
制造费用			12 400	12 400		
主营业务收入			165 000	165 000		

续表

账户名称	期初余额		本期发生额		期末余额	
	借方	贷方	借方	贷方	借方	贷方
营业外收入			50 000	50 000		
主营业务成本			67 323	67 323		
税金及附加			1 495	1 495		
管理费用			14 465	14 465		
销售费用			3 000	3 000		
财务费用			2 100	2 100		
所得税费用			31 654.25	31 654.25		
合计	22 222 000	22 222 000	1 946 222.25	1 946 222.25	22 953 662	22 953 662

6. 根据总分类账和明细分类账编制财务报表

根据总分类账和明细分类账编制财务报表，如表8-1-35、表8-1-36所示。

表8-1-35 资产负债表

编制单位：盛华公司　　　　　　2023年12月31日　　　　　　单位：元

资产	上年年末余额	期末余额	负债及所有者权益	上年年末余额	期末余额
流动资产：			流动负债：		
货币资金	1 841 120	3 304 835	短期借款	1 400 000	1 030 000
交易性金融资产	4 200 000	3 000 000	交易性金融负债		
应收票据	166 000	269 750	应付票据		230 000
应收账款	453 960	1 188 000	应付账款	137 000	585 000
预付款项	106 500	205 000	预收款项		300 000
其他应收款		48 000	应付职工薪酬	188 280	337 000
存货	1 390 638	1 926 077	应交税费	164 438	423 099.25
合同资产			其他应付款	14 500	15 100
持有待售资产			持有待售负债		
一年内到期的非流动资产			一年内到期的非流动负债		

续表

资产	上年年末余额	期末余额	负债及所有者权益	上年年末余额	期末余额
其他流动资产			其他流动负债		
流动资产合计	8 158 218	9 941 662	流动负债合计	1 904 218	2 920 199.25
非流动资产：			非流动负债：		
债权资产			长期借款	2 000 000	2 000 000
长期应收款			应付债券	1 000 000	1 000 000
长期股权投资			非流动负债合计	3 000 000	3 000 000
固定资产	9 966 000	10 193 500	负债合计	4 904 218	5 920 199.25
在建工程			所有者权益：		
生产性生物资产			实收资本	12 000 000	12 500 000
无形资产	1 000 000	1 000 000	资本公积	1 100 000	1 220 000
商誉			盈余公积	800 000	800 000
长期待摊费用			未分配利润	320 000	694 962.75
非流动资产合计	10 966 000	11 193 500	所有者权益合计	14 220 000	15 214 962.75
资产总计	19 124 218	21 135 162	负债及所有者权益总计	19 124 218	21 135 162

会计主管：李梅　　　　　　审核：林英　　　　　　编制：王杰

表 8-1-36　利润表

编制单位：盛华公司　　　　　　2023 年 12 月　　　　　　单位：元

项　目	本期金额	上期金额
一、营业收入	165 000	（略）
减：营业成本	67 323	
税金及附加	1 495	
销售费用	3 000	
管理费用	14 465	
财务费用	2 100	
加：投资收益（损失以"-"填列）		
二、营业利润（亏损以"-"填列）	76 617	

续表

项　　目	本期金额	上期金额
加：营业外收入	50 000	
减：营业外支出		
三、利润总额（亏损总额以"-"填列）	126 617	
减：所得税费用	31 654.25	
四、净利润（净亏损以"-"填列）	94 962.75	
（一）持续经营净利润（净亏损以"-"填列）	94 962.75	
（二）终止经营净利润（净亏损以"-"填列）		
五、其他综合收益的税后净额		
六、综合收益总额	94 962.75	
七、每股收益：		
（一）基本每股收益		
（二）稀释每股收益		

会计主管：李梅　　　　　审核：林英　　　　　编制：王杰

三、记账凭证账务处理程序的优缺点及适用范围

（一）优缺点

记账凭证账务处理程序的优点是简单明了，易于理解，总分类账可以较详细地反映经济业务的发生情况；其缺点是登记总分类账的工作量较大。

（二）适用范围

记账凭证账务处理程序一般适用于规模较小、经济业务量较少的单位。

学习情境二　科目汇总表账务处理程序

情境导入

通过情境一的学习，我们了解了记账凭证账务处理程序，由于其缺点是登记总分类账的工作量较大，不适用于规模大、经济业务量多的单位。同学们，下面我们将学习一种规避这一缺点的账务处理程序，即科目汇总表账务处理程序。

知识学习

一、科目汇总表账务处理程序

(一)科目汇总表账务处理程序的概念和特点

科目汇总表账务处理程序，又称记账凭证汇总表账务处理程序，是指根据记账凭证定期编制科目汇总表，再根据科目汇总表登记总分类账的一种账务处理程序。

科目汇总表账务处理程序

科目汇总表账务处理程序的主要特点是：根据记账凭证定期编制科目汇总表，再根据科目汇总表定期登记总分类账。

(二)科目汇总表账务处理程序的步骤

在科目汇总表账务处理程序(见图8-2-1)下，记账凭证、会计账簿和会计报表的种类和格式与记账凭证账务处理程序基本相同，只是在记账凭证中需增设科目汇总表。其步骤如下：

(1)经济业务发生以后，根据有关的原始凭证或原始凭证汇总表填制各种记账凭证。

(2)根据收款凭证和付款凭证逐笔登记现金日记账和银行存款日记账。

(3)根据记账凭证和原始凭证或原始凭证汇总表逐笔登记明细分类账。

(4)根据各种记账凭证汇总编制科目汇总表。

(5)根据科目汇总表汇总登记总分类账。

(6)月末，将日记账、明细分类账的余额与总分类账中相应账户余额进行核对。

(7)月末，根据总分类账和明细分类账的资料编制财务会计报表。

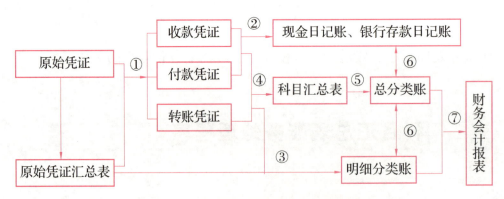

图8-2-1 科目汇总表账务处理程序

二、科目汇总表账务处理程序核算举例

科目汇总表是具有汇总性质的记账凭证,是根据记账凭证汇总编制而成的,其基本的编制方法是根据一定时期的全部记账凭证,按照相同会计科目进行归类,定期(每 10 天或 15 天,或每月一次)分别汇总每一个账户的借、贷双方的发生额,并将其填列在科目汇总表的相应栏内,借以反映该时期全部账户的借、贷方发生额。根据科目汇总表登记总分类账时,只需要将该表中汇总的各科目的借、贷方发生额,分次或月末一次记入相应总分类账的借方或贷方即可。

情境引例

【案例 8-2-1】盛华公司发生的经济业务同【案例 8-2-1】。

(1)按照经济业务(原始凭证或原始凭证汇总表)编制记账凭证,同记账凭证账务处理程序。

(2)根据上述记账凭证登记库存现金、银行存款日记账簿,同记账凭证账务处理程序。

(3)根据上述原始凭证和记账凭证登记明细分类账簿,同记账凭证账务处理程序。

(4)根据记账凭证编制科目汇总表(见表 8-2-1),如果业务多可以按旬(10 天)编制,本例简化为一个月编制一次。

表 8-2-1　科目汇总表

2023 年 12 月 31 日　　　　　　　　　　　　　　　　汇字第 1 号

会计科目	本期发生额		√
	借方	贷方	
库存现金	3 035	1 400	
银行存款	681 700	62 500	
应收票据	84 750		
其他应收款	500	500	
原材料	50 000	67 000	
库存商品	110 400	67 323	
累计折旧		6 500	
短期借款		30 000	
应付账款	56 500	56 500	
应付利息		2 100	

续表

会计科目	本期发生额		√
	借方	贷方	
应付职工薪酬		50 000	
应交税费	6 500	54 599.25	
实收资本		500 000	
本年利润	495 000	215 000	
利润分配		374 962.75	
生产成本	110 400	110 400	
制造费用	12 400	12 400	
主营业务收入	165 000	165 000	
营业外收入	50 000	50 000	
主营业务成本	67 323	67 323	
税金及附加	1 495	1 495	
管理费用	14 465	14 465	
销售费用	3 000	3 000	
财务费用	2 100	2 100	
所得税费用	31 654.25	31 654.25	
合计	1 946 222.25	1 946 222.25	

(5)根据科目汇总表登记总分类账(此处以"银行存款总分类账"为例,其他总分类账的登记从略),如表8-2-2所示。

表8-2-2 总分类账

账户名称:银行存款

2023年		凭证		摘要	借方								贷方								借或贷	余额								
月	日	字	号		百	十	万	千	百	十	元	角	分	百	十	万	千	百	十	元	角	分		百	十	万	千	百	十	元	角	分
12	1			期初余额																			借		2	6	5	0	0	0	0	0
12	31	汇	1	1—31日汇总过入		6	8	1	7	0	0	0	0			6	2	5	0	0	0	0	借		3	2	6	9	2	0	0	0
12	31			本月合计		6	8	1	7	0	0	0	0			6	2	5	0	0	0	0	借		3	2	6	9	2	0	0	0

(6)总分类账与现金日记账、银行存款日记账、明细分类账核对,并进行总分类账户试算平衡,同记账凭证账务处理程序。

(7)根据总分类账和明细分类账编制财务报表,同记账凭证账务处理程序。

三、科目汇总表账务处理程序的优缺点及适用范围

科目汇总表账务处理程序的优点：一方面大大减轻登记总分类账的工作量；另一方面还可利用科目汇总表进行发生额的试算平衡，在一定程度上能够保证总分类账登记的正确性。其缺点是，不能反映科目之间的对应关系，不便于查对账目。因此科目汇总表账务处理程序适用于规模大、业务量多的单位。

学习评价

专题八	学习目标	自评	他评
会计核算综合实务操作	1. 掌握记账凭证账务处理程序和科目汇总表账务处理程序的优缺点及适用范围(40分)		
	2. 能根据企业具体情况选择一种账务处理程序进行经济业务处理(40分)		
	3. 具有良好的职业道德(20分)		
	合计		

素质课堂

推进文化自信自强，铸就社会主义文化新辉煌

习近平总书记在党的二十大报告中指出："推进文化自信自强，铸就社会主义文化新辉煌。"这是着眼全面建设社会主义现代化国家、全面推进中华民族伟大复兴提出的重大论断和重要任务，体现了我们党高度的文化自觉，彰显了我们党鲜明的文化立场，进一步凸显了文化建设在中国特色社会主义事业全局中的重要地位，把我们党对文化作用和文化发展规律的认识提升到一个新的境界。

文化在全面建设社会主义现代化国家中具有不可替代的重要地位和作用。文化兴国运兴，文化强民族强。党的十八大以来，以习近平同志为核心的党中央把文化建设提升到一个新的历史高度，把文化自信纳入中国特色社会主义"四个自信"，把坚持马克思主义在意识形态领域指导地位的制度确立为中国特色社会主义制度体系的一项根本制度，把坚持社会

主义核心价值体系纳入新时代坚持和发展中国特色社会主义的基本方略，推动我国文化建设正本清源、守正创新，推动意识形态领域形势发生全局性根本性转变，为开创党和国家事业全新局面提供了强大正能量。全面建设社会主义现代化国家，文化的地位不可替代，文化的作用更加凸显。统筹推进"五位一体"总体布局、协调推进"四个全面"战略布局，文化是重要内容；推动高质量发展，文化是重要支点；满足人民日益增长的美好生活需要，文化是重要因素；战胜前进道路上的各种风险挑战，文化是重要力量源泉。我们要从历史长河中看待文化推动人类文明进步的重要地位，在时代大潮中把握文化引领社会变革的重要作用，在全球风云中认识文化塑造综合国力的重要影响，在人的全面发展中发挥文化创造美好生活的重要价值，把文化建设摆在党和国家全局工作更加突出的位置，以强烈的历史主动精神，加快建设社会主义文化强国，为实现中华民族伟大复兴提供强大思想引领力、价值引导力、文化凝聚力、精神推动力。

参考文献

[1] 葛军. 会计学基础[M]. 北京：高等教育出版社，2011.

[2] 赵晓燕. 会计职业基础[M]. 北京：北京邮电大学出版社，2014.

[3] 郑新成. 基础会计[M]. 北京：立信会计出版社，2012.

[4] 李慧. 基础会计[M]. 北京：电子工业出版社，2014.

[5] 《党的二十大报告学习辅导百问》编写组. 党的二十大报告学习辅导百问[M]. 北京：党建读物出版社，2022.

[6] 财政部会计评价中心. 初级会计实务[M]. 北京：中国财经出版传媒集团，2023.

[7] 票据工厂，北京伴学科技有限公司.